Susan Quilliam é psicóloga especializada em relacionamentos, coach, colunista e docente da The School of Life. É autora de vinte e dois livros publicados em trinta e três países e em vinte e quatro línguas. É especialista de mídia sobre sexo e relacionamentos.

The school of life se dedica a explorar as grandes questões da vida: Como encontrar um trabalho recompensador? É possível compreender nosso passado? Por que relacionamentos são tão complicados? Se pudéssemos mudar o mundo, deveríamos fazê-lo? A organização, que tem sede em Londres e campi espalhados pelo mundo, oferece aulas, terapias, livros e outras ferramentas para ajudar as pessoas a ter uma vida mais aprazível, guiando-as em meio a uma variedade de ideias das ciências humanas — da filosofia à literatura, da psicologia às artes visuais —, estimulando, provocando, revigorando e consolando.

Como escolher um parceiro
Susan Quilliam

Tradução: Marina Merlino

Copyright © 2016 by The School of Life
Publicado primeiramente em 2016 por Macmillan, um selo da Pan
Macmillan, uma divisão da Macmillan Publishers International Limited.

*Grafia atualizada segundo o Acordo Ortográfico da Língua Portuguesa
de 1990, que entrou em vigor no Brasil em 2009.*

Título original
How to Choose a Partner

Capa
Marcia Mihotich

Preparação
Isis de Oliveira Pinto

Revisão
Marise Leal e Clara Diament

Dados Internacionais de Catalogação na Publicação (CIP)
(Câmara Brasileira do Livro, SP, Brasil)

Quilliam, Susan
    Como escolher um parceiro / Susan Quilliam ; tradução
Marina Merlino. — 1ª ed. — Rio de Janeiro : Objetiva, 2021.

    Título original: How to Choose a Partner
    Bibliografia.
    ISBN 978-85-470-0121-6

    1. Cônjuges – Escolha 2. Homem-mulher – Relacionamento
3. Namoro 4. Relações interpessoais I. Título.

20-52727   CDD-306.82

Índice para catálogo sistemático:
1. Mulheres : Companheiro conjugal : Escolha :
    Sociologia   306.82

Cibele Maria Dias – Bibliotecária – CRB-8/9427

[2021]
Todos os direitos desta edição reservados à
EDITORA SCHWARCZ S.A.
Praça Floriano, 19, sala, 3001 – Cinelândia
20031-050 – Rio de Janeiro – RJ
Telefone: (21) 3993-7510
www.companhiadasletras.com.br
www.blogdacompanhia.com.br
facebook.com/editoraobjetiva
instagram.com/editora_objetiva
twitter.com/edobjetiva

Para Michael e Silvano. Eu não poderia desejar amigos melhores.

Sumário

1.	Compreensão	9
2.	Estar pronto	21
3.	Olhar para trás	33
4.	A não escolha	41
5.	Focar	53
6.	Conectar-se	71
7.	Estar apaixonado	109
8.	Saber	123

Agradecimentos 139

Referências bibliográficas 141

Créditos das imagens 145

1. Compreensão

Quando você faz uma escolha, você muda o futuro.

Deepak Chopra

Escolher um parceiro no amor é uma das maiores aventuras da vida contemporânea. Ao embarcar nessa busca, podemos conhecer pessoas fascinantes, e também pessoas que nos deixam malucos; viver grandes emoções e também mergulhar em fúria, medo e depressão; e perder completamente o rumo antes de, finalmente, encontrar nosso caminho para o amor.

O verdadeiro desafio é crescer. A escolha de um parceiro é uma jornada de autodesenvolvimento, que nos leva a aprender mais sobre nós mesmos, sobre os outros, sobre a vida e a maneira como queremos vivê-la. Se você considera tudo isso, começa a entender o tamanho da aventura.

O que podemos não perceber é como essa aventura está maior e mais difícil hoje do que em qualquer momento da história, porque, até agora, a humanidade se baseava na prudência para escolher parceiros. É claro que o desejo sexual e o romance também estavam bastante envolvidos — principalmente em casos passageiros, relações casuais ou simples flertes. Porém, para parcerias sérias, de uma vida inteira, a tendência histórica era a de se afastar do romântico e ir em direção ao pragmático. Entre os ricos, a regra era escolher seus parceiros por honra, fortuna e conveniência política, para preservar a linhagem.

The Arnolfini Portrait [*Retrato dos Arnolfini*], de Jan van Eyck, celebração de casamento ultratradicional que tem um objetivo central — o herdeiro.

Os menos ricos — com menos a proteger — sempre tiveram mais liberdade para seguir o coração, mas, ainda assim, precisavam garantir segurança financeira, apoio em questões práticas e ter filhos para garantir o futuro.

Mesmo na gloriosa Era da Cavalaria, quando o amor de um cavaleiro por sua dama era o objetivo central da vida, ninguém nunca sugeriu que o romance devesse levar ao compromisso; na corte do rei Arthur, o verdadeiro crime de Lancelot e Guinevere foi muito mais o de tentar fazer dessa adoração a base para uma relação de 24 horas por dia, sete dias por semana, do que o de adorar um ao outro. Como aponta a historiadora Stephanie Coontz em *Marriage, a History* [Casamento, uma história], embora as pessoas sempre tenham apreciado histórias de amor, até muito recentemente "nossos ancestrais não viviam uma".

Uma revolução emocional

Avancemos para o século xx e o romance se torna imperativo. No livro *The English in Love* [O inglês apaixonado], Claire Langhamer nos mostra que essa revolução emocional vinha fervilhando havia algum tempo, mas só se realizou por completo mediante muitas e diversas mudanças sociais — ainda que ninguém saiba quais delas são causa e quais são efeito. A criação da pílula anticoncepcional, que fez as parcerias ficarem menos voltadas à procriação e mais à conexão emocional? Mulheres com mais acesso à educação, mais bem pagas e, portanto, com maior possibilidade de se livrar de casamentos sem amor? O massacre de duas guerras mundiais, que nos encorajou a aproveitar ao máximo o

12   Como escolher um parceiro

presente e priorizar intensidade de curto prazo e não o compromisso de longo prazo? O avanço da liberalização social, da educação em massa, da comunicação global? A diminuição da crença religiosa, a ascensão do direito individual, a aprovação das leis de divórcio?

Sejam quais forem as razões, em algum momento em meados do século passado as relações de parceria se tornaram universal e inextricavelmente vinculadas ao amor. E isso jogou para o alto todas as peças do quebra-cabeça. Pela primeira vez, a paixão — sexual e emocional — se tornou o elemento primário para o sucesso em uma relação. Pense na famosa frase de abertura de *Orgulho e preconceito*, de Jane Austen: "É uma verdade universalmente reconhecida que um homem solteiro, de posse de boa fortuna, deve estar atrás de uma esposa". Compare-a com o pronunciamento, em 1949, do reverendo Herbert Gray, presidente do Conselho Nacional de Aconselhamento Matrimonial, de que "a única razão suficiente para se casar é que você... ame alguém...". As propagandas matrimoniais em meados do século xx — quando minha própria mãe tomava suas decisões sobre relacionamentos — anunciavam potenciais parceiros por seu asseio, honestidade e salário. Era o equivalente contemporâneo dos sites de namoro, que agora proclamam as glórias da "química", dos "encontros" e da existência de "almas gêmeas".

Choque de realidade

Tudo isso parece atraente, mas a realidade é mais complexa. Hoje, investimos na escolha de um parceiro com grandes expectativas, dúvidas mais profundas e pressões maiores que nunca. Adicionar amor na alquimia dos relacionamentos pode ser promessa de satisfação, mas também cria desafios imensos.

O primeiro problema é que precisamos fazer mais escolhas com maior frequência. Colocar o amor como protagonista significa que, se o romance morrer, provavelmente vamos querer terminar o relacionamento — e com menor obrigatoriedade de casamento, somado a leis de divórcio mais liberais, fica mais fácil fazer isso. O resultado é que, agora, não temos apenas uma janela de escolha de parceiro na maturidade biológica — com uma janela a mais se o cônjuge morrer —, mas uma média de cinco janelas ao longo da vida. Podemos, na adolescência, escolher o primeiro amor, aos vinte anos, o primeiro compromisso, aos trinta, o parceiro para ter filhos, aos quarenta, a companhia pós-divórcio, e uma última escolha para nos apoiar até a morte. Tudo isso somado a casos passageiros.

Agora, ponha esse aumento de necessidade em contraste com a diminuição de oportunidades. Encontramos menos parceiros porque temos, mais do que nunca, mais mobilidade global, mudamos de casa, trocamos de emprego, vamos para outros países. Temos menos chances de criar parcerias porque trabalhamos períodos longos, depois nos deslocamos para nossas casas, em diferentes direções, em centros urbanos socialmente isolados. Além disso, temos menos recursos para encontrar e escolher um parceiro porque somos menos amparados; carregamos muito mais fardos em nossos ombros do que quando só precisávamos decidir entre nos casar com o menino/menina da casa ao lado ou do fim da rua. O resultado dessa combinação de mais demanda e menos oferta? Encontrar um parceiro nunca foi tão desafiador.

Quando pensa em escolher um parceiro, você visualiza uma busca, uma cruzada, uma batalha, uma caça ao tesouro... ou um passeio no parque?

Finais felizes?

Também nunca foi tão importante. Como jamais antes, a parceria amorosa é considerada tarefa crucial da vida, ainda mais essencial por vivermos em uma sociedade fragmentada e isolada. Já dizia aquele sábio verso em Gênesis, em que Deus afirma que "não é bom que o homem esteja só".

O que nos leva a outro problema. Hoje, a religião tem cada vez menos espaço nas relações amorosas, assim como na psique humana, a ponto não só de Deus estar ausente dos relacionamentos, mas de os relacionamentos em si terem se tornado mais importantes que Deus. Em seu livro *Amor: Uma história*, o filósofo Simon May explica que, antes, buscávamos sentido no divino — como já não encontramos esse sentido aí, passamos a buscá-lo em outro lugar. O relacionamento passou a ser a fonte que deve nos prover toda a esperança e felicidade que originalmente esperávamos da divindade.

Atualmente, quando nos comprometemos com alguém, estamos buscando um substituto de Deus: o que quer dizer que esse alguém precisa ser perfeito. E também precisamos nos tornar substitutos de deuses perfeitos para nossos parceiros, oferecendo amor incondicional, eterno e completamente altruísta. Conviver como casal se tornou não apenas uma questão de apoio prático, sucessão hereditária ou realização pessoal; é, agora, o caminho para conquistar santidade e redenção eterna.

Sem dúvida, uma coisa impossível, não? Bem, claro que sim. Nem em teoria somos capazes de alcançar o ideal apresentado pelo filósofo Friedrich Schlegel: "através do amor, a humanidade retorna a seu estado original de divindade". Na prática, temos sucessivas provas do quanto esse objetivo não é plausível. Provas em nossos relacionamentos imperfeitos, provas na cobertura midiática diária de relações fracassadas entre celebridades, provas nos índices de divórcio que, ao longo dos últimos anos, atingiram 70% em alguns países europeus — e isso sem incluir o fim de relações sem casamento formal, portanto, não documentadas.

É de admirar que entremos em pânico diante de um compromisso? A tradicional "escolha única" limitava nossa liberdade, mas, uma vez casados, tínhamos a possibilidade de ter segurança para o resto da vida e, se perseverássemos, praticamente a garantia de sermos considerados um sucesso pela sociedade. Agora tememos que, ao escolher errado, acabemos não só sozinhos como condenados, até amaldiçoados, por nosso fracasso em fazer o amor dar certo.

Se perguntarmos a parentes mais velhos como sua geração escolhia os parceiros e quais eram seus contentamentos e suas limitações, podemos nos surpreender. Nossos ancestrais podem não ter vivido uma história de amor, mas, com expectativas mais baixas — deles próprios e de seus parceiros —, podem bem ter tido mais finais felizes do que nós.

Novos benefícios

Dito isso, sou extremamente grata por viver e amar hoje, pois uma nova ordem traz novos benefícios. Nossos relacionamentos agora são realmente nossos, em vez de impostos pela família ou proibidos pela comunidade. Mais "janelas" de namoro ao longo da vida significam mais oportunidades para descobrir quais decisões nos relacionamentos nos ajudam a crescer. Mais campos de escolha significam mais meios de encontrar parcerias fora dos limites tradicionais — cultura, crença, classe e faixa etária. Mais liberdade para partir caso tenhamos escolhido errado significa que não estamos presos pelo resto da vida a uma quase-morte de não realização.

E os desafios atuais estão, pouco a pouco, sendo solucionados. A alta procura e a baixa oferta são enfrentadas por uma grande quantidade de novos meios para encontrar parceiros em potencial. Minha mãe e a geração dela nem imaginavam usar agências de namoro ou casamenteiros, mas hoje esses recursos muitas vezes representam o que há de melhor na escolha de parceiros. Minha avó e sua geração nunca ouviram falar no agora conhecido *speed dating* [encontro rápido] — embora eu desconfie de que ela teria achado tudo muito divertido.

Depois, temos as novas tecnologias. Nos últimos vinte anos, a internet expandiu nossa possibilidade de escolha de uns poucos na nossa própria "aldeia" para milhões ao redor do mundo; nos deu uma abundância de novas maneiras de contatar possíveis parceiros através de sites, aplicativos e redes sociais; transformou o processo de paquera — apesar das desvantagens que vêm com qualquer grande inovação. O panorama das decisões sobre relacionamentos mudou para sempre; enquanto, no início dos anos 1990, 1% dos casais se conheciam com a ajuda da tecnologia, a estimativa atual é de 33%, e há quem afirme que, em 2040, esse número atinja surpreendentes 70%.

Essa enorme mudança social é sustentada pelo desenvolvimento de novos conhecimentos, novos insights, novos recursos. Minha mãe, que era professora primária e também uma mulher incrivelmente sábia, sempre reclamava do fato de "instruções de como amar" não constarem em nenhum currículo escolar; seu desejo agora é realidade com a crescente safra de cursos, workshops, coachings e serviços de aconselhamento sobre relações que brotaram para suprir essa necessidade. O amor pode estar mais desafiador que nunca, mas talvez jamais tenhamos tido tantos recursos para enfrentar esse desafio.

Iniciar a aventura

O que nos traz justamente a este livro. Escrevo não apenas a partir de minhas experiências como professora, orientadora e escritora sobre relacionamentos — além, é claro, do que aprendi com minhas próprias decisões —, mas, principalmente, a partir de minha associação com a School of Life. Ao longo dos anos em que trabalhei com eles, nos tornamos mais e mais conscientes da existência de um enorme iceberg de preocupação com escolhas amorosas, preocupação esta que atinge todos os gêneros, idades e nacionalidades.

Como escolher um parceiro é um guia para encontrar o parceiro certo para você. No entanto, veja bem, não se trata de um mapa, de uma lista de dicas, de um manual de atitudes, mas, sim, de uma série de reflexões vindas da psicologia, da filosofia, da cultura e da experiência humana comum. A sabedoria deste livro não é apenas a sabedoria dos muitos profissionais que refletiram sobre as decisões que tomamos em relação ao amor, mas também a dos alunos aos quais ensinei e a dos clientes de coaching com quem trabalhei.

O objetivo aqui é informar, melhorar e apoiar seus próprios pensamentos, sentimentos e insights. Cada capítulo oferece um ponto de vista diferente sobre cada questão, encorajando você a olhar não só para o lugar onde está, mas também para como seu passado formou o presente, como seus critérios para relacionamentos podem ser esclarecidos e refinados e como analisar se você e um parceiro em particular podem dar certo. Os exercícios e tarefas espalhados pelo livro convidam a refletir sobre o caminho que você está trilhando em sua jornada e, se necessário, a ajustá-lo — para encontrar, reconhecer e se comprometer em um relacionamento que faça você crescer.

Sua primeira tarefa é pensar na seguinte questão: como você se encaixa no panorama contemporâneo de relacionamentos? Como você se situa diante da "nova política" da escolha de parceiros? Você vê isso como um desafio empolgante ou uma tarefa frustrante, um quebra-cabeça complexo ou uma provação terrível? Pode ser interessante completar a seguinte frase: "Quando penso em escolher um(a) parceiro(a), sinto/entendo/me pergunto...". Esse simples exercício revelará muito sobre seus medos, sentimentos, suas esperanças e atitudes.

Continuando a leitura, um último pensamento otimista. Você não está só. Há, literalmente, milhões de pessoas por aí que, como você, procuram uma conexão profunda. Como você, essas pessoas tomaram as melhores decisões que podiam tomar, dadas as suas circunstâncias e recursos. Como você, essas pessoas às vezes tiveram arrependimentos e decepções, mas agora voltaram a querer amar e ser amadas. Há muitas opções por aí para quando você estiver pronto.

E, como sugere a citação no começo deste capítulo, ao explorar essas opções, você cria para si mesmo um novo leque de possibilidades. Ao embarcar na aventura de escolher um parceiro, você tem a oportunidade de mudar seu futuro para sempre. A partir de agora.

2. Estar pronto

Tudo está pronto se nossa mente está pronta.
William Shakespeare, *Henrique V*, Ato IV, Cena III

É muito tentador nos atirarmos no amor. É muito tentador achar que estamos prontos para o amor só porque queremos — e não há nada de errado em querer. No entanto, estar pronto para procurar um parceiro (imagine então para escolher) pode ser mais complicado do que parece. Por essa razão, este capítulo funciona como um sinal amarelo.

A primeira pergunta que acende o sinal amarelo é esta: agora é o momento certo para procurar um relacionamento sério? Existem muitas situações na vida, transições temporárias e períodos prolongados, em que estar solteiro é essencial. Talvez nossa concentração deva fluir para dentro quando nossa energia precisa fluir para fora: pode ser um trabalho exaustivo, um pai (ou filho) doente, uma crise existencial. Nessa situação, apesar de desejarmos o apoio de um relacionamento porque achamos que vamos desmoronar sem ele, escolher um parceiro pode ser a última coisa do mundo que devemos tentar. E não só porque ter uma relação amorosa é o segundo maior desafio da vida (o primeiro é criar filhos, caso esteja se perguntando), e portanto não deveria ser empreendido quando estamos vulneráveis, mas também porque, quando vulneráveis, corremos o risco de escolher alguém apenas para servir de muleta. Assim, quando a crise acaba e a vida volta ao normal, essa muleta se torna dispensável. Isso é injusto com ambas as partes.

Há também muitas fases da vida em que estar solteiro é o suficiente — não por estarmos esgotados, mas por estarmos realizados. Listar as pessoas próximas a você e as coisas boas que elas lhe oferecem e que melhoram sua vida pode ser um exercício muito esclarecedor. Companhia, conversas, histórias em comum — ou a mais simples das formas de apoio: um abraço. Faça esse exercício e pode ser que ele demonstre, pouco a pouco, que a maioria das suas necessidades (senão todas) já está sendo satisfeita. Se assim for, você pode deixar de lado a busca por um parceiro — ou então optar por alguém que satisfaça apenas sua necessidade imediata, mesmo que não ofereça uma relação tradicional de companheirismo e compreensão 24 horas por dia, sete dias por semana.

Parar no amarelo

A próxima pergunta que acende o sinal amarelo é ainda mais desafiadora: será que algum momento é o momento certo para procurar um parceiro? Dizem por aí que a melhor coisa na vida é estar bem acompanhado e a segunda melhor coisa é estar solteiro e bem — mas, para algumas pessoas, a ordem é ao contrário. Algumas se sentem completas sem adendos, florescem melhor sem distrações, são simplesmente mais felizes sozinhas.

Se você suspeita de que é mais feliz solteiro, considere (e não apenas como um pensamento passageiro) que talvez relacionamentos não sejam sua meta de vida. A ideia de solitude é altamente valorizada em várias tradições espirituais — não por puritanismo, mas porque nos liberta para seguir nossa verdadeira vocação. Dizem que o compositor

Robert Schumann, quando atingiu o início de seu sucesso musical, comparou-o com seu futuro casamento nas seguintes palavras: "Eu duvido que ser noivo esteja no mesmo patamar que essas primeiras alegrias de ser um compositor... Com elas... eu me caso com o vasto mundo". Se você busca um relacionamento só porque é o que "todo mundo" faz, experimente pensar que você não é todo mundo. Você é especial e talvez a melhor maneira de prosperar seja "casar-se com o vasto mundo".

Planejamento

Para os reles mortais, ainda há alguns aspectos práticos a considerar. Será que nesse momento realmente temos espaço em nossa vida para sustentar um relacionamento sério? A realidade é que os namoros on--line que chegam a durar por volta de um ano provavelmente vão ocupar uma hora por noite — o equivalente a um dia de trabalho por semana.

E, quando chegamos ao fim de nossa busca, a vida fica ainda mais atribulada. O amor é lindo, mas exige tempo, espaço, energia e a disposição de se adaptar ao outro. Embora estatísticas indiquem que a jornada diária de trabalho no início do século XXI seja de apenas metade do que era no início do século XIX, as outras ocupações para o que sobra de tempo, espaço e energia (como família, amigos, hobbies, tarefas domésticas, viagens, criação dos filhos, leituras, e-mails, Twitter, Facebook e toda a miscelânea de solicitações da vida) dobraram em relação ao que ocorria cem anos atrás.

A grande cilada nessa história é que, quanto mais bem-sucedidos somos, quanto mais crescemos em nossa carreira, mais expandimos

Parar? Avançar? Esperar? Entrar em pânico e ficar pregado no asfalto?

nossa vida social, conquistamos um estilo de vida gratificante, e menos espaço temos para relacionamentos. Quanto mais estabelecidos, menos disponíveis estamos para que um parceiro penetre nesse mundo. Para amar, talvez seja preciso sacrificar um pouco outras partes da nossa vida.

Tente o seguinte exercício. Planeje uma semana típica com manhã, tarde e noite. Indique quais desses 21 horários estão abarrotados e defina quais deles você esvaziaria alegremente, abrindo espaço para um relacionamento. Depois se pergunte o que um possível relacionamento sugaria do resto da sua vida e o que o resto da sua vida sugaria de um possível relacionamento. Essa negociação valeria a pena? Esse exercício não tem o intuito de dissuadi-lo da jornada, mas sim de tornar as próximas etapas do planejamento mais realistas.

Enfrentar os medos

Isso nos traz à questão da disponibilidade emocional. Nesse caso a pedra no sapato normalmente é o medo — principalmente porque a escolha de parceiros envolve o intimidante desafio de ser escolhido.

Quando peço aos homens e mulheres das minhas aulas de encontros para definirem em uma palavra como se sentem em relação à escolha de parceiros, o mais citado são variações do conceito de medo; inquietação, desconfiança, ansiedade, terror. Além do medo de fazer a escolha errada, temos medo da rejeição — "sou muito gordo(a), muito tímido(a)"; medo de sermos jogados para escanteio — "sou muito velho(a), muito chato(a)"; e medo de passar vergonha por termos sido jogados para escanteio, principalmente quando nossos colegas parecem todos ter tido sucesso e estar muito bem acompanhados. Sobre essa última parte, considere que ninguém sabe o que acontece entre quatro paredes. Não queremos encorajar *Schadenfreude*, mas muitos dos casais que agora parecem ser os mais felizes chorarão em seu ombro quando chegarem ao primeiro divórcio dentro de alguns anos.

Existe também muito medo de admitir o medo. Nessa era de autocontrole, não queremos confessar que temos dificuldades e que não estamos indo bem na busca por um parceiro. *O diário de Bridget Jones* nos faz rir com os esforços de Bridget não apenas porque seus erros redimem os nossos, mas porque sua batalha por controle na vida e no amor nos torna mais capazes de quebrar o silêncio e admitir nosso próprio esforço para nós mesmos e para os outros. E a triunfante união final de Bridget com Mark Darcy garante que até os mais apavorados podem chegar a um bom resultado.

Desde Bridget, vários livros (de ficção e de autoajuda) encorajaram uma atitude de "fingir até conseguir" para combater o medo. Mas há outro caminho. Recentemente, e no meu entender mais proveitosamente, passamos a adotar a ideia de que expor vulnerabilidades pode funcionar melhor que exibir bravatas. A escritora Brené Brown, em seu livro *A coragem de ser imperfeito*, atualiza a história do medo ao falar sobre quanta coragem é necessária para ao menos considerar um relacionamento, quanto mais para estar em um — e sobre como revelar o medo por trás dessa coragem é o primeiro passo no caminho para um relacionamento de sucesso. Isso é vulnerabilidade. Isso é "a coragem de ser imperfeito".

Muitos já fazem isso. Quando meus alunos confessam sua falta de autoconfiança, olho ao redor, pasma com o que aqueles homens e mulheres trazem à tona. Inteligência, personalidade, talento — mas, acima de tudo, a coragem e a disposição de, apesar das desilusões anteriores, se expor de novo. Por causa disso, o sucesso é uma certeza. Como diz o provérbio chinês, "não se encontram pérolas na beira da praia. Se quiser uma, precisa mergulhar fundo para encontrar". Então mergulhamos.

Disponível ou não?

Estar pronto para o amor não depende apenas de estar emocionalmente aberto, mas emocionalmente disponível. O exemplo crucial disso é que, por mais tempo que tenha passado desde que terminamos nossa última relação, se ainda lamentamos por ela e secretamente não conseguimos virar a página, não seremos capazes de seguir em frente. Sim, é comum achar que um novo romance vai automaticamente começar um novo capítulo. Se prestarmos atenção nas manchetes de tabloides, veremos inúmeros relatos triunfantes sobre celebridades "recém-apaixonadas" que passaram por separações apenas algumas semanas antes. Se prestarmos atenção nos sites de namoro on-line, também veremos inúmeros perfis dizendo "nos separamos semana passada, então já estou disponível para encontrar o amor outra vez".

Mas não é saudável pensar assim. Claro, os seres humanos foram programados para criar vínculos — no entanto, quando um vínculo se quebra, os humanos estão duplamente programados para sofrer, e isso nos deixa incapazes de criar novos vínculos por um tempo. Helen Fisher, professora de antropologia na Universidade Rutgers, fez exames de ressonância magnética em quinze estudantes que haviam acabado de ficar solteiros e encontrou cérebros cintilantes de dor, uma dor parecida com a das crises de abstinência de viciados em drogas. Então não é de surpreender que, logo depois da separação, raramente seja o momento de estarmos disponíveis para nos conectar com outras pessoas. O problema é que exatamente nesse momento tendemos a criar vínculos para atenuar a dor — e depois, quando a ferida se cura, nos deparamos com um companheiro recém-adquirido e nos perguntamos que raios fizemos.

Então quanto tempo leva, depois de perder um amor, para estarmos sensata e verdadeiramente disponíveis de novo? Não existe cronograma para isso. Na recuperação de separações, a prova de fogo é avaliar se conseguimos pensar no ex-parceiro com carinho — ou, se não for o caso, pelo menos não com ódio, e sim com o verdadeiro oposto do amor, a indiferença. O adorável blog quantifiedbreakup. tumblr.com, criado por uma blogueira que está, ela mesma, vivendo uma "recuperação de relacionamento", lista vários cálculos para isso, desde "pelo menos dois anos", passando por "metade do tempo de relacionamento", até "uma semana para cada mês em que estiveram juntos".

Quando se trata de outras variedades de perda — como a morte de alguém amado —, o cronograma pode ser mais demorado; a sombria, porém precisa, consideração de Jeanette Winterson no livro *Inscrito no corpo*, em que a heroína tenta aceitar a leucemia de seu parceiro, é de que "perder alguém que você ama é ter sua vida alterada para sempre". Seja qual for a situação, a única verdade definitiva é que estar pronto para o próximo relacionamento vai sempre levar o tempo que tiver de levar.

Ser adulto

A pergunta final e mais dura de todas é: será que já somos "adultos o suficiente" para escolher um parceiro? Ardilosamente, a própria escolha de palavras dessa pergunta já é um teste; se nos dispusermos a pelo menos considerar essa questão, é provável que estejamos quase prontos — porque o sucesso de um relacionamento muitas vezes reside na habilidade de questionar a nós mesmos com honestidade madura e sem defesas.

Nesse ponto apelamos para o filósofo e psicólogo social Erich Fromm, cuja obra prima, *A arte de amar*, é considerada a declaração seminal da visão contemporânea sobre o que o amor pode e deve ser. Fromm descreve em detalhes o que vê como a tarefa mais absolutamente "adulta" de se relacionar com outro ser humano. Em sua visão, um relacionamento maduro exige a autoconfiança de acreditar que somos dignos de amor, o autoconhecimento de saber do que precisamos e o autocontrole de ceder quando necessário. Além disso, é preciso a habilidade de ensinar nosso parceiro a como nos amar, a humildade de aprender com nosso parceiro a como amá-lo e o discernimento de saber que o amor não constitui apenas uma parceria, mas, nas palavras de Fromm, a "única resposta sã e satisfatória ao problema da existência humana". Esse é o ponto em que a maioria de nós sai correndo apavorada por pensar que, para tamanha responsabilidade, não estamos despreparados apenas no presente, mas para sempre.

Nada de pânico. Se entendermos que a "arte" de que Fromm fala não é algo que se nasce sabendo, mas algo que, como todas as artes, se aprende, esse desafio parecerá mais razoável. O amor certamente não é um ato único, e sim um fluxo contínuo de aprendizados. Ou seja: a única coisa que precisamos nos perguntar para encontrar um parceiro é se estamos prontos para preencher a ficha de inscrição.

Claro que não somos só nós que precisamos estar prontos para o amor, mas também o parceiro que escolhermos. Então seria boa ideia prestar a devida atenção na disposição desse potencial parceiro. O que não significa fazer o tipo de interrogatório implacável de primeiro encontro que leva a pessoa a pedir a conta logo após o primeiro prato, mas sim um tranquilo estado de alerta para perceber se a pessoa com quem começamos a nos envolver está realmente livre. Ela tem tempo e espaço para o amor em sua vida? Já superou seus relacionamentos anteriores ou continua sonhando com eles? Será que está se abrindo para nós por interesse genuíno ou porque quer preencher um vazio?

Se a resposta para qualquer uma dessas perguntas for nebulosa, talvez seja mais prudente dar um passo atrás e permitir que essa pessoa tenha o tempo e o espaço de que precisa e permitir a nós mesmos a chance de encontrar um parceiro que esteja realmente pronto para ser escolhido.

3. Olhar para trás

Estude o passado para definir o futuro.
Confúcio

Quando procuramos ativamente um parceiro a longo prazo, a maioria de nós tende a projetar o futuro. Planejamos objetivos. Criamos metas. E, quanto mais sério o relacionamento que queremos, mais à frente imaginamos — não apenas até o ponto de conhecer um novo parceiro, mas até morarmos juntos, ficarmos noivos, até o sexo do primeiro filho. E isso é sábio. Para escolher bem, precisamos avaliar o que vai nos render o longo prazo.

Porém, também é sábio, como diz Confúcio, dar atenção, antes de tudo, ao passado. Como o passado nos fez ser quem somos? Como isso interfere em quem escolhemos? Não só porque nossos relacionamentos anteriores nos prepararam para o presente, nos dando tanto habilidade como vulnerabilidade em relação ao amor, mas também porque cada acontecimento de nosso passado — desde o momento em que nascemos, para não falar do momento em que começamos a namorar — nos ensinou sobre relacionamentos e escolhas de parceiros. Quem escolhemos pode ser nossa decisão individual, mas o porquê dessa escolha será influenciado pelo elenco de uma vida inteira de cenas e personagens.

Suas influências

É um exercício interessante olhar para trás, para a lista de personagens e para o enredo de nossa vida pessoal. Foi nossa mãe, nosso pai, ou nenhum dos dois, que nos ensinou, por meio do que fazia e dizia, qual tipo de relacionamento deveríamos almejar e qual tipo evitar? Foram nossos irmãos, nossos amigos, nossos professores ou nossa cultura que nos disseram que o critério para escolher um parceiro deveria ser inteligência, poder aquisitivo, beleza ou docilidade? Foi crescer em um ambiente familiar conflituoso ou ser membro do grupo de debate que nos fez acreditar com tanta convicção que um casal perfeito não tem brigas ou que, pelo contrário, discute o tempo todo? Serão as bodas de rubi de nossos pais ou nosso último término de namoro que nos convencerá de que o amor dura para sempre ou de que é definitivamente impossível? E que papel têm Jane Eyre, James Bond, *Cinquenta tons de cinza* e *O gene egoísta* nisso tudo?

Lembre-se. Quem foram seus principais formadores de opinião sobre como escolher bem um parceiro? O que mais influenciou seus pensamentos e sentimentos sobre o que você considera seu tipo ideal?

- Pais, irmãos, parentes.
- Líderes culturais ou religiosos, professores.
- Seu grupo de amigos e os respectivos namorados.
- Seus amores do passado, correspondidos ou não.
- A mídia: notícias, livros, filmes, internet, TV.
- Eventos traumáticos em sua própria vida ou na vida de pessoas próximas a você.

- Acontecimentos positivos e favoráveis em sua própria vida ou na vida de pessoas próximas a você.

Agora leve isso em frente. Considere as lições que essas pessoas todas lhe ensinaram. Que definições, expectativas e pressupostos você aprendeu sobre o tipo de relacionamento que deveria querer, e portanto o tipo de parceiro que deveria escolher? Completar a seguinte frase pode ajudar: "Eu aprendi com _____ que o melhor relacionamento é _____, portanto eu devo escolher um parceiro que seja _____". Complete-a pelo menos dez vezes para conseguir uma gama de mensagens variadas. Veja se há padrões, alguma surpresa, ou algum alerta vermelho. E mais importante: como essas lições de vida afetaram as escolhas que você fez até hoje?

Mapas do amor

Para compreender melhor, vamos recorrer ao sexólogo John Money, que chama essas lições de vida de "mapas do amor" — modelos de como vemos o relacionamento ideal e nosso parceiro ideal. Money sugere que adquirimos mapas do amor instintivamente e desde muito cedo — no geral entre cinco e oito anos de idade —, como o sotaque do nosso idioma materno. Então não questionamos (muitas vezes nem sequer notamos) a imagem interna de relacionamentos que construímos nem as especificações que projetamos sobre o tipo de parceiro que queremos — muitas vezes em relação a raça, altura, forma física e conduta. Quando encontramos alguém que se encaixa nesse mapa, nos sentimos atraídos. Sim, até sabemos, racionalmente, que outra pessoa pode ser tão boa quanto essa para nós; mas, de alguma forma, é essa que parece ser a certa.

Muitas vezes uma pessoa parece ser a certa porque nos lembra de alguém que pareceu ser a pessoa certa anos atrás, ou porque acreditamos que com ela podemos recuperar as partes "certas" de nossa vida. Um termo para descrever isso seria "projeção"; nós "projetamos" afeição de alguém que foi importante no passado para alguém que é importante agora — ou para alguém que queremos que seja importante no futuro. Um tom de voz, um olhar sutil, determinado tipo de força, determinado tipo de gentileza — de repente, em geral sem saber por quê, nos sentimos seguros. Não importa se não conhecemos a pessoa e ela não nos conhece; nos sentimos inevitavelmente atraídos.

Faz todo o sentido gravitar em direção a pessoas parecidas com aquelas que nos fizeram felizes ao longo da vida, e na maior parte das vezes isso é uma estratégia maravilhosa. Mas também deixa nossas expectativas confusas e pode acabar muito mal: podemos presumir que um parceiro vai nos proporcionar as mesmas experiências maravilhosas que nossos pais (ou nosso melhor amigo da escola, ou nossa primeira paquera). Porém, não necessariamente isso acontece, porque ele não é essa pessoa e porque não estamos no passado — entender e aceitar isso é uma lição fundamental para escolher um parceiro. A professora Sue Johnson conta que, quando conheceu seu marido, praticamente as primeiras palavras que ele disse foram "eu não vou atender a suas expectativas". Diante desse discernimento, o que ela podia fazer senão se casar com o rapaz?

Olhe para trás, para quando você era mais jovem — no início da escola, digamos. Agora identifique três figuras — talvez pais, professores, irmãos — ou acontecimentos — sucessos, vitórias, triunfos

— que fizeram você sentir amor e aceitação nesse período da sua vida. Você não só buscará conscientemente alguém que tenha potencial de reproduzir esses sentimentos, como, inconscientemente, sentirá atração por qualquer pessoa que apresente esse potencial. Boa ideia, com um porém: pode ser que também sinta atração por qualquer parceiro que você *acredite* ser capaz de lhe oferecer isso, mesmo que ele não seja. Então experimente antes de comprar.

Experiências ruins

Há uma outra distorção que é a seguinte: às vezes sentimos atração por parceiros não porque são capazes de nos proporcionar algo maravilhoso, mas porque podem nos proporcionar algo terrível — na esperança de que também nos deem a chance de superar esse terror. Então podemos escolher alguém que nos lembre de como nosso pai era distante ou de como nossa mãe era dominadora, alguém que crie situações que exijam muito de nós e que nos lembrem de nosso fracasso nos exames da escola ou daquela vez em que fomos demitidos do trabalho. Achamos isso doloroso, mas familiar, perturbador, mas conhecido; almejamos, desta vez, resolver, enfrentar, sobreviver.

E, muitas vezes, dá certo. Muitas vezes conseguimos virar o jogo, enfrentar os desafios de um jeito que não fomos capazes de fazer antes, porque agora somos mais velhos e mais sábios. E o fato de enfrentarmos não só nos faz vitoriosos aqui e agora como nos ajuda a resolver a sensação de fracasso anterior. O poeta israelense Yehuda Amichai escreveu que "as pessoas usam umas às outras como cura para suas dores" — mas nesse caso escolhemos uns aos outros conscientemente pela dor, na esperança de que a cura venha como parte do pacote.

Pense na sua juventude outra vez. Quais pessoas ou acontecimentos fizeram você sentir que não era amado ou lhe ensinaram duras lições sobre o significado de se relacionar? Essas memórias têm a ver com seus parceiros na vida adulta e as experiências que você teve com eles? O que isso revela sobre suas estratégias na busca por um parceiro?

Há também, é claro, o impacto de acontecimentos tão traumáticos que criam uma vulnerabilidade profunda, de forma que ficamos desconfiados, arrasados, furiosos ou simplesmente feridos demais para tomar boas decisões. Podemos acabar confusos sobre o significado do amor, incapazes de reconhecê-lo quando aparece, sem recursos para recebê-lo quando nos é oferecido ou dá-lo quando necessário. Os traumas óbvios e difundidos são bullying, abuso e violência, mas outras ocorrências, aparentemente menos sérias, podem nos ferir também. Se as bases de nosso mundo forem abaladas — pode ser uma mudança de endereço, uma internação hospitalar, um pai ausente —, podemos acabar achando que o amor nos deixa na mão. Se quando crianças o único jeito de conseguir atenção era receber punições por mau comportamento, podemos acabar usando ataques de birra em nossas relações. O choque não só enfraquece nosso espírito como esmaga nossa capacidade de tomar boas decisões nos relacionamentos.

Seguir em frente

Essa questão é uma via de mão dupla. Também para nossos parceiros, o "passado é prólogo", como disse Shakespeare, e o que aconteceu em suas vidas antes das cenas que escrevem conosco não afeta apenas quem eles são, mas quem são *conosco*. Nossos parceiros se orientam com seus próprios mapas do amor, fazem suas próprias projeções, têm seu próprio fluxo de pessoas e episódios negativos ou traumáticos em suas próprias vidas. Então podem nos escolher porque nosso jeito de ser maravilhoso os faz lembrar de pessoas e acontecimentos maravilhosos de seus passados, ou porque nosso jeito de ser difícil os faz lembrar de pessoas e acontecimentos difíceis de seus passados. Pode ser que eles também precisem alinhar as expectativas, entender a diferença entre suas ilusões e a realidade a respeito do que somos, e aguentar quando proporcionamos a dor que eles, inconscientemente, queriam resolver por meio da relação conosco. Se as reações de nosso parceiro revelam mais sobre sua própria história do que sobre a realidade presente de nossa relação, talvez devêssemos ficar atentos.

O que não é necessariamente uma má notícia. Embora seja tentador acreditar que tudo o que vem do passado é prejudicial, as coisas não são assim. O amor normal, gentil e humano de pessoas à nossa volta (seja na infância ou na fase adulta), além de nos garantir um terreno seguro para amar, é capaz de ir muito longe para retificar qualquer dano que vier em nossa direção. Ainda que uma experiência intensa de traição seja, sozinha, capaz de nos ferir, experiências similares de alegria, aceitação, sucesso e segurança emocional nos vacinam contra erros. Para a maioria das pessoas, as experiências ruins do passado não são desastres fatais na estrada dos relacionamentos, mas simples lombadas no caminho.

Além do mais, não precisamos trazer o passado para o presente. Podemos conservar os pedaços que nos pareçam mais úteis e mais saudáveis; os outros podemos jogar fora. Para isso, você deve olhar para trás, para todas as lições que já aprendeu sobre o amor. Quais delas estão terrivelmente ultrapassadas e precisam ser descartadas? Quais são irrelevantes agora que você cresceu? Quais são tão idealistas ou perfeccionistas que ninguém tem a menor chance de alcançá-las e, ao continuar tentando, você só alimenta mais seu monstro da culpa? Quais foram ensinadas a você por pessoas com experiências diferentes das suas, em cujas palavras você não acredita mais, que vivem uma vida que você não pretende viver? Quais lições você aprendeu com acontecimentos que são tão dolorosos que é preciso apagá-los de vez da memória?

Sim, apagar é permitido. Com nosso novo conhecimento, podemos desacreditar de crenças do passado, deixá-las para trás e trazer conosco um conjunto novo que nos seja mais útil. E, se não conseguimos fazer isso sozinhos, é totalmente possível (e muito sensato) procurar ajuda; há uma riqueza enorme de conhecimento e orientação para nos ajudar a superar problemas de relacionamento. Então, se você suspeita de que alguns acontecimentos ou pessoas possam tê-lo deixado vulnerável a más escolhas e decisões equivocadas, permita que eu o encoraje — até implore — a procurar um profissional. Nós não podemos mudar a vida que já vivemos, mas podemos repensá-la, entendê-la de outra forma e, assim, dissolver a dor.

Confúcio disse que o passado precisa ser estudado para que possamos definir o futuro. Uma vez estudado, entretanto, pode ser que a gente queira completar a lição e seguir em frente.

4. A não escolha

Acredito que os casamentos, no geral, seriam tão felizes quanto são agora, quiçá mais ainda, se fossem todos arranjados pelo Lorde Chanceler, com as devidas considerações a respeito de pessoas e circunstâncias, mas sem que as partes envolvidas tivessem qualquer escolha no assunto.
Atribuído a Samuel Johnson, Boswell,
A vida de Samuel Johnson

Se você concorda com Samuel Johnson, você é minoria. A maior parte das pessoas acredita profundamente que os melhores resultados são criados por decisões ativas e conscientes. Mais ainda, que, se não tomamos nossas próprias decisões, desistimos desses bons resultados; abdicamos do controle, cedemos a responsabilidade e, portanto, nos resignamos a fazer concessões — admitindo tacitamente que não estamos à altura da tarefa de administrar nossa própria vida.

Permita que eu defenda o oposto. Talvez Johnson esteja certo e abrir mão da escolha seja uma boa ideia. Não só porque o amor é das poucas áreas na sociedade moderna em que ainda podemos nos apegar à noção romântica de que o destino determina nosso futuro, mas também porque, quando entregamos o controle a outros, evitamos repetir erros passados ou cometer novos erros no futuro. Ao lidar com o "cupido alado e cego", como disse Shakespeare, eliminar nossos próprios preconceitos cegos da equação pode não ser má ideia.

Cara ou coroa?

Escolha dar um passo atrás nas tomadas de decisão ativas e a primeira possibilidade que surge é tirar cara ou coroa. Quando se trata de compromissos para a vida inteira, isso pode não parecer a coisa mais sábia a fazer, por mais que os devotos do I Ching discordem. Uma amiga minha usou esse sistema uma vez para decidir se deveria se casar ou não com o namorado; as moedas responderam "não", o que, em retrospecto, se mostrou um excelente conselho. E em *The Dice Man* [O homem do dado], de Luke Rhinehart — como sugere o título, romance sobre um homem que faz todas as suas escolhas guiado pelos dados —, várias decisões sobre relacionamentos são tomadas assim. O resultado é uma entrega erótica em grande escala, sob o aforismo que tudo perdoa: "Quem sou eu para questionar os dados?".

Vamos dar uma olhada agora no que diz o psicólogo americano Barry Schwartz, cujo trabalho tem como foco o raciocínio por trás da escolha. Seu argumento é de que o aleatório é uma opção "razoável". Uma vez que certos padrões sejam respeitados — os dois se gostarem razoavelmente, terem objetivos de vida parecidos, já terem verificado problemas como abuso de drogas e antecedentes criminais —, não há, de fato, nenhuma boa razão para discriminar entre esse ou aquele pretendente. O acaso, sugere Schwartz, pode muito bem ser a opção "mais eficiente" e também a "mais justa... e mais honesta".

Ideias interessantes, ainda que a maioria de nós se sinta cautelosa sobre tomar decisões cruciais com tão pouca informação. Razão por que não aconselho nem cara ou coroa, nem jogos de dados, nem a absoluta aleatoriedade. Contudo, sugiro, sim, que, para contornar nossos preconceitos e introduzir um pouco de sorte, os candidatos deveriam, quando on-line, abordar pelo menos uma pessoa aleatória a cada vinte perfis acessados, e, quando off-line, estar abertos para um ocasional encontro às escuras, um convite para jantar com um colega ou um encontro fortuito na saída do supermercado. A aleatoriedade pode, seguramente, abrir portas diferentes, menos limitadas e, portanto, muitas vezes melhores.

Destino × crescimento

O tema dos encontros fortuitos nos leva a um interessante caso de dois pesos e duas medidas. Recuamos, horrorizados, diante da mera ideia de que o acaso seja o responsável por determinar nosso futuro parceiro de vida, mas, se chamarem o acaso de "destino", ficaremos encantados com essa perspectiva. Por um lado sentimos a necessidade de ter o controle das nossas escolhas amorosas; por outro, a ideia de perder o controle pode ser extremamente sedutora.

Consulte o professor "Chip" Knee, da Universidade de Houston, e seu trabalho sobre "amor predestinado", termo que ele usa para descrever a convicção de alguns casais de que foi o destino, mais que uma coincidência, o que os aproximou. Se você acreditar nisso, tem altas chances de sentir uma atração forte e instantânea por alguém, altas chances de ter uma relação ardente e intensa, e altas chances de que uma certeza mágica de sucesso paire sobre toda essa investida. Para um exemplo perfeito, veja aquela cena do filme *Sintonia do amor* na qual Sam Baldwin, ao descrever o momento em que conheceu a primeira esposa, fala de forma comovente que pegou sua mão para ajudá-la a descer do carro e, só com esse primeiro toque, percebeu que "era nosso destino ficar juntos... e eu sabia".

Sam Baldwin teve sorte (graças ao bom roteirista que criou seu tradicional final feliz de comédia romântica) de o consequente casamento ter dado certo. Porém, a suposição de "predestinação" pode não sobreviver à fria luz dos compromissos diários da vida real, porque tem certos defeitos estruturais. O problema é: se o destino tão generosamente nos fornecesse parceiros predeterminados, não haveria necessidade de esforço para fazer a relação dar certo — e, se algum esforço é exigido, claramente é porque esse romance não é tão predestinado quanto pensávamos e deve acabar imediatamente. O trabalho do professor Knee sugere que as pessoas que acreditam em amor predestinado são propensas a reagir mal quando as coisas dão errado, propensas a sair de relacionamentos de forma leviana, propensas a seguir em frente rápido — em direção ao próximo "destino".

Compare essa ideia com a dos casais que acreditam no que Knee chama de "amor cultivado", que veem os relacionamentos como algo desenvolvido lentamente com o tempo, em que problemas não significam nada de ameaçador, indicando, simplesmente, que é necessário mais esforço. Casais que têm amor cultivado tendem a se envolver mais gradativamente, têm expectativas mais baixas, mas são capazes de jornadas mais longas. É importante lembrar que, embora a fé no amor predestinado (seja de sua parte ou da parte de seu parceiro) possa trazer ao romance uma magia de tirar o fôlego, a fé no amor cultivado pode ser a diferença entre comemorar bodas de rubi e ser abandonado no altar.

Arranjado

Deixar o destino decidir quem será nosso parceiro pode dar a sensação de perda do controle, mas pelo menos o destino (ou sorte, ou Deus ou a Providência) é onipresente, onisciente e infalível. Deixar outros seres-muito-humanos decidirem quem será nosso parceiro parece uma possibilidade bem pior, porque gente normal está muito sujeita a confusões, ignorância, erros e preconceitos particulares. Por essa razão, ainda que a ajuda de amigos e familiares possa ser útil, normalmente é melhor tapar os ouvidos e sair de perto. Expressões como "você deve" e "você precisa", mesmo quando enunciadas por observadores externos bem-intencionados, não devem nunca governar nossas decisões na escolha de um parceiro.

O que realmente tem um lugar e uma longa história de algum sucesso — mencionada até na Bíblia — é a permissão para que outros "arranjem" possibilidades que podemos vetar ou a partir das quais podemos escolher. Não se esqueça de que até muito recentemente, em especial quando a relação era um caminho para consolidar alianças políticas ou unir famílias em disputa, fazia perfeito sentido que os mais velhos, e não o próprio casal, decidissem todo o arranjo da união. Na Grã-Bretanha, por exemplo, só as últimas duas gerações da monarquia tiveram algum tipo de liberdade genuína para escolher com quem se casar. (Quando alguns desses casamentos por amor fracassaram, surgiu em alguns grupos uma sensação generalizada de "Bem, o que se podia esperar?".)

Quando bem-feito, o "arranjo" da relação pode dar certo e oferecer a imparcialidade do acaso, a segurança do destino e o pragmatismo do cultivo. Assim como o acaso, uma parceria determinada por elementos

Agradeça por não viver em 1917. Herbert Rawlinson e Alice Lake no centenário filme em preto e branco *Come Through*.

externos evita preconceitos pessoais ou a tentação de deixar o desejo ditar todos os termos. Assim como o destino, ela retira o fardo da escolha e permite que a gente relaxe em vez de agonizar sob o peso de nossas próprias responsabilidades. Como no amor cultivado, no amor "arranjado" não precisamos ter compatibilidade instantânea ou pedir um cartão amarelo se as coisas não forem perfeitas sempre e para sempre.

No entanto, para isso, é preciso um alto nível de competência. Os arranjadores — sejam eles amigos, família, o *shadchanim* judeu ou o luxuoso serviço urbano de *matchmaking* — precisam nos conhecer no mínimo tão bem quanto nós mesmos nos conhecemos, conhecer nossos possíveis parceiros bem o bastante para julgar se há compatibilidade e ter profunda compreensão de como funciona um relacionamento amoroso. O problema é que esse nível de sabedoria é raro na sociedade atual. Poucas pessoas estão dispostas a observar as outras com profundidade e consistência suficientes para julgar o que seria necessário em um parceiro. Poucos relacionamentos estão suficientemente expostos ao público para promover um entendimento real das dinâmicas de uma relação. É por isso que, apesar de populares, os serviços modernos de *matchmaking* chegam a ser infames pelos preços altos e resultados baixos. Dito isso, com o contexto certo e um arranjador perspicaz e experiente, o amor "arranjado" pode funcionar muito bem.

Uma nota rápida sobre os extremos do "arranjo": as densas fileiras de casamentos em massa nas quais centenas de casais se conhecem pela primeira vez no dia de seu casamento, em que a escolha dos pares é feita inteiramente por líderes religiosos. Para a maioria das pessoas, isso fica entre o incompreensível e o chocante. Como pode funcionar? A resposta é que o contentamento dos noivos com esse arranjo se apoia em uma crença profunda de que têm a bênção divina; de que sua cultura, comunidade, família e religião estarão lá para apoiá-los, e de que o amor se cria com o tempo, e não num arroubo instantâneo. Apesar de algumas histórias terríveis, é um recurso que vale ser considerado.

Escolha on-line

Será que o namoro on-line tira o controle de nossas mãos? À primeira vista, não; temos uma multidão de opções. Mas, se olharmos mais de perto, veremos que recebemos uma pré-seleção. A maior parte dos sites manipula perfis de usuários atraentes e os coloca na página inicial para prender a atenção dos visitantes. Muitos sites também destacam perfis de usuários particularmente populares e os apresentam em uma subcategoria separada e, portanto, mais chamativa. Eles nos dão escolhas, mas só depois de os filtros do site fazerem seu trabalho secreto.

E depois temos os algoritmos. Foi em 1959 que um grupo de estudantes de matemática da Universidade Stanford, ao elaborar seu projeto de final de curso, programou seu computador IBM 650 para parear 49 homens e 49 mulheres de acordo com suas respostas a um questionário; o resultado foi um casamento e a merecida nota 10 para a dissertação. Mais de meio século depois, esse primeiro estudo resultou em uma indústria de um bilhão de dólares; quase todo site de namoro on-line tem um "questionário" visível, e todos eles têm algoritmos ocultos para nos guiar com firmeza até pessoas que tenham a idade, a localização e o gênero de nossa preferência.

Se o poder de escolha não foi completamente tirado de nossas mãos, ele está, no mínimo, ligeiramente comprometido.

Há também um outro problema: os sites de namoro só fazem a primeira etapa do trabalho. É, quase todos juntam pessoas com resultados similares no teste de múltipla escolha, que revela apenas os critérios mais superficiais que determinam por quem nos sentimos atraídos. Alguns sites, então, tentam ir mais longe, com questionários sobre personalidade ou sistemas de combinação hormonal. Ainda que esses sistemas de pareamento sustentem que seus critérios de compatibilidade estão bem estabelecidos e que, portanto, podem prever o sucesso de uma relação, na realidade "nenhuma dessas afirmações é verdadeira". (Cito aqui uma pesquisa recente sobre a busca on-line do amor feita pelo professor Eli Finkel, da Universidade Northwestern, em Illinois.) Ao permitir que os sites tentem arranjar nosso par, não apenas limitamos nossas opções e deixamos de considerar os fatores mais profundos da compatibilidade; além de tudo, entregamos nosso destino a um sistema absolutamente não comprovado.

Confiar na sorte

Não estou insinuando que abandonar completamente seu poder de escolha seja boa ou má ideia. Mas é uma possibilidade. Pode ser útil pensar em que nível você já o abandonou no passado sem nem perceber. Você já começou a bater papo com alguém ao seu lado no teatro, durante uma festa, em um trem — e ganhou trinta minutos encantadores sem que isso necessariamente levasse a um romance? Provavelmente. Você conheceu algum de seus parceiros por acaso, em

De quando em quando, os dois se perguntavam o que seria deles nos próximos quarenta anos de casamento.

uma situação circunstancial ou graças a uma pura e feliz coincidência? De novo: provavelmente. Alguma das suas relações íntimas foi 100% previsível ou predeterminada? Provavelmente não. Se você começar a avaliar até onde se sente confortável com o aleatório, pode acabar inclinado a aceitá-lo como uma ferramenta do seu kit de escolhas.

Cara ou coroa, acaso e fé no destino são bem arriscados, mas dividir um pouco do fardo com outras pessoas certamente é uma ideia que vale a pena considerar — então talvez se possa deixar que sites de namoro on-line filtrem os candidatos indesejáveis ou que serviços de *matchmaking* façam o trabalho pesado. Também é útil expandir o primeiro estágio da "busca pelo amor" para além de nossas preferências pessoais — e então talvez fazer um esforço deliberado de contatar (ou começar a conversar com, ou concordar em sair com) pessoas que, à primeira vista, não pareçam uma possibilidade. Contar com apoio emocional é vital para sobreviver ao processo — então talvez convocar ativamente amigos de confiança e recorrer a eles para aconselhamento, consolo e celebração.

Acima de tudo, no que diz respeito à escolha, esteja preparado para em última análise assumir riscos, aceitar incertezas, abrir mão do controle. Como disse o ex-presidente dos Estados Unidos Jimmy Carter: "Corra o risco. Quem não arrisca não petisca".

5. Focar

Foco é saber dizer "Não".

Steve Jobs

Certamente, quanto mais opções, mais chances de encontrar o amor. Especialmente se culpamos a falta de alternativas por decepções amorosas passadas, a riqueza e a variedade de escolha parecem ser chaves óbvias para o sucesso. Razão por que a primeira pergunta que deveríamos fazer em nossa busca é como encontrar "mais" possibilidades.

É uma excelente pergunta quando nos faltam opções, se nosso círculo de contatos solteiros está reduzido a quase nada; se vivemos em uma cidade — ou um país — em que não conhecemos ninguém; se não encontramos nenhum parceiro em potencial nem no trabalho nem no lazer. É uma investigação especialmente útil se formos o gênero majoritário em nossa faixa de idade: pesquisas sugerem que homens na faixa dos vinte anos têm apenas metade das possibilidades disponíveis para as mulheres na mesma idade, mas que, na faixa dos quarenta anos, a balança se inverte. Se estamos em uma dessas situações e não conseguimos encontrar um parceiro, o principal problema com certeza é matemático. Somos vendedores em um mercado cheio de ofertas, e a solução é encontrar mais compradores.

A melhor estratégia para avançar é manter distância de riachos murmurantes, evitar poços estagnados e encontrar rios tranquilos.

Deixando de lado as metáforas, o que quero dizer é: fique longe de festas que não dão oportunidade de papo para conhecer gente nova, ou que tenha pessoas que você dificilmente reencontrará. Não se prenda em uma vida social em que você encontra sempre as mesmas pessoas de novo e de novo. Em vez disso, aplique sua energia em grupos que ofereçam um fluxo estável e regular de pessoas diferentes em situações nas quais seja possível se misturar, se conhecer, conversar e criar vínculos. Isso é um rio tranquilo, e, enquanto ele comportar pessoas com tipos semelhantes de experiência, mentalidade e valores, vai lhe apresentar parceiros em potencial. Também cumprirá outra função, tão importante quanto: a satisfatória e fascinante existência de um acampamento-base para iniciar a escalada do relacionamento.

Encontrar um rio tranquilo

Quantos rios tranquilos você tem na sua vida? Se a resposta for "não muitos", e sua vontade for conseguir "mais", pare agora mesmo e faça um brainstorming de quais poderiam ser os seus rios; junte o máximo de ideias possível, sem censurar nem as mais loucas. Começar um novo hobby? Frequentar aulas de dança de salão? Comparecer a eventos de encontros arranjados? Organizar seus próprios eventos de encontros arranjados? Postar um anúncio no Facebook? Fazer um anúncio na rádio local — funcionou para Sam Baldwin, supracitado herói de *Sintonia do amor*. Embarcar em uma viagem para três países — funcionou para Elizabeth Gilbert, autora de *Comer, rezar, amar*.

Inscrever-se em um site de namoro também é uma opção (se for confortável para você). Gostando ou não, a via on-line é, sem dúvida, o

Poços estagnados. É preocupante o quanto é fácil criar uma vida tão agradável, consolidada e segura que não proporciona nenhuma chance de encontrar um parceiro adequado.

rio tranquilo mais acessível da atualidade — nesse rio, a única tarefa é criar vínculos, e todas as partes do processo garantem um fluxo bem constante. Para melhorar esse projeto de expansão, inscreva-se em sites variados — alguns pagos, outros gratuitos, alguns novos e outros já estabelecidos. Uma vez dentro, mantenha a mente aberta para as possibilidades, seja mais proativo que reativo e tão flexível quanto possível sobre os parâmetros não fundamentais. (Mas não uma flexibilidade tola. Se você selecionar "até trezentos quilômetros de distância" na pergunta sobre localização, vai acabar enfrentando a realidade de um relacionamento à distância e rapidamente se verá trocando essa especificação para "mesma cidade".)

Mais ou menos?

Depois de aprender as estratégias apresentadas e dar os primeiros passos em direção à ação, esqueça as vantagens do "mais" e adote os benefícios do "menos". Não apenas porque, na escolha de parceiros, qualidade é mais importante que quantidade, mas também porque o cérebro humano se equilibra sobre uma tênue linha entre ter uma variedade grande de opções e ter opções em excesso para sua sanidade.

Em um famoso experimento do professor Sheena Iyengar, na Universidade Columbia, clientes em um mercado precisavam decidir que geleia comprar. Dentre os que tiveram mais de 24 opções diferentes, apenas 3% compraram, ao passo que, dentre os que tiveram apenas seis tipos disponíveis, esse índice foi de 30%. Considerando que os critérios para escolher geleias não são os mesmos que usamos para escolher parceiros, vejamos outra pesquisa menos famosa, porém

Se escolher um parceiro fosse tão fácil como fazer compras no supermercado...
Por outro lado...

mais relevante, que exibiu resultados análogos. Pretendentes que viram blocos de quatro ou 24 perfis on-line fizeram mais escolhas que os que viram 64 perfis. Isso é significativo: os participantes que se depararam com apenas quatro opções tiveram tempo para considerar cada uma delas, enquanto os que se depararam com 24 ou 64 opções tomaram decisões de forma leviana.

A questão é que o excesso de opções nos mergulha em algo chamado "mentalidade de compra". Quando há uma profusão de possibilidades, sofremos uma sobrecarga mental. Ficamos confusos, e depois ficamos ansiosos porque estamos confusos. E aí, para combater a crescente paralisia emocional resultante dessa confusão, tentamos simplificar. O que, por sua vez, nos leva a supervalorizar critérios irrelevantes, rejeitar sem efetiva consideração e ansiar pela "próxima possibilidade", em vez de focar a atual. (Em parte, essa última atitude explica por que é tão viciante o impulso constante de deslizar da esquerda para a direita em alguns aplicativos de namoro.) Enfim, quando se trata de namoros on-line, mesmo quando achamos que encontramos "A Pessoa", corremos o risco de continuar sofrendo de "remorso de compras", já que a abundância de escolhas sugere que há alguém ainda melhor perdido por aí. Se você alguma vez manteve uma paquera entusiasmada por vários dias seguidos que depois parou repentinamente, você provavelmente não foi vítima de rejeição, mas da "mentalidade de compra".

Isso significa que qualquer site que se vanglorie de ter 197 milhões de membros (como fez uma multinacional do ramo recentemente) pode parecer uma oportunidade maravilhosa, mas se revelar uma catástrofe disfarçada. Nosso verdadeiro desafio, tanto off-line quanto on-line, não é descobrir como expandir possibilidades, e sim como limitá-las, como alcançar um equilíbrio no qual pensamos com clareza suficiente para tomar boas decisões.

Eliminação

A solução aqui, não por coincidência, é tomar o rumo que a natureza planejou para nós. A eliminação inteligente — o tipo de desapego a que Steve Jobs se refere na citação do início deste capítulo — é como a evolução nos ensina a escolher. Ao entrar em uma sala cheia com uma centena de possibilidades — ou em um website com um milhão —, fazemos exatamente a mesma coisa que nossos ancestrais faziam milhares de anos atrás, do ponto de vista privilegiado de suas cavernas: excluímos inconscientemente aqueles que não correspondem a nossos critérios básicos (expectativa de idade, tribo e gênero). A eliminação pode parecer cruel, mas essa é a maneira como nossos instintos são feitos para funcionar nessa primeira fase — não dizer "sim" para uma pessoa, mas dizer "não" para várias; não fazer uma escolha positiva unitária, mas primeiro aplicar uma seleção negativa por atacado.

Em uma sociedade mais complexa que a Neolítica, certas seleções já estão feitas antes mesmo de começarmos. Em qualquer "rio tranquilo" onde mergulhamos e nos sentimos em casa — um grupo de estudos, uma associação esportiva, um curso de dança —, é provável que os organizadores tenham pensado na publicidade para eliminar pessoas que não pertencem àquela tribo; e nós informalmente cortamos caminho quando escolhemos comparecer apenas a determinados eventos e, uma vez que estamos participando deles, nos misturar apenas com determinadas pessoas.

O sistema on-line funciona de maneira parecida. Algumas eliminações já estão feitas para nós desde o princípio porque entramos em um mundo no qual quem não está interessado no amor já se autoexcluiu. Muitos sites também filtram prestativamente (em segredo, entretanto) quem tenha problemas que ameacem um relacionamento, como abuso de drogas e doenças mentais duradouras. Posteriormente, nós mesmos limitamos esse escopo ao nos inscrever em sites que selecionam tribos ainda mais especificamente. Há, hoje em dia, espaços dedicados a faixas etárias específicas, cidades em particular e quase qualquer interesse especial em que você possa pensar, junto a outros que você nem imagina.

Quando estamos inscritos, os questionários dos sites criam mais focos de compatibilidade comportamental, como: fuma (ou não), bebe (ou não), gosta de esportes ou ama comida chinesa. Os algorítmicos "testes de afinidade", quando bem-feitos, descartam problemas mais profundos — ainda que, é claro, não prevejam a química pessoal e, como mencionado antes, pouco tenham a ver com compatibilidade em longo prazo. Felizmente, a recente introdução de categorias específicas para "relacionamento sério", "encontros casuais" e "aventura" garante agora a eliminação de quem quer um tipo de relação diferente da que procuramos, o que é um enorme alívio para todos os solteiros em busca de casamento que, até alguns anos atrás, viviam trombando com pessoas casadas em busca de uma aventura.

O funil do amor

Essa pré-seleção é útil, mas a questão principal é que, não importam quão reduzidas sejam nossas opções, vai chegar o momento de fazer nossas próprias eliminações, pessoa por pessoa. Minha metáfora preferida para isso é a utilizada pela falecida psicóloga israelense Ayala Malach Pines. Ela imaginou um tipo de "funil do amor", no qual depositamos todas as pessoas que conhecemos. Assim como o funil, que se estreita no fundo e deixa cada vez menos elementos passarem, nossos critérios naturalmente ficam mais e mais focados conforme eliminamos possíveis parceiros, até por fim aceitarmos apenas aqueles que realmente se encaixam. (Os critérios usados para criar e operar nosso funil compõem a matéria dos próximos capítulos deste livro.)

O que frequentemente nos impede de usar o funil do amor com eficiência é uma espécie de medo de focalizar: um nervosismo em relação à eliminação, um cuidado para não ser exigente, uma crença de que não deveríamos — leia-se "não temos direito" de — dispensar parceiros incompatíveis ou opções de relacionamento que não nos atraem. "Eu preciso expandir minha rede ou não vou encontrar ninguém."; "Se meu parâmetro for muito elevado, ninguém vai me querer."; "Não posso dizer não para ele(a), ele(a) vai se sentir rejeitado(a).". Esse pânico é absolutamente compreensível quando já tivemos (e todos tivemos) nosso próprio coração partido. Porém, ainda assim, é equivocado; nós precisamos focar o que queremos, em vez de só nos deixar levar pela correnteza. Não acredito em "Par Perfeito", mas, a não ser que comecemos a dizer não para as pessoas que não são certas para nós, não chegaremos nem perto das que são.

62   Como escolher um parceiro

Se você suspeita de que o medo de focalizar o limita, tente o seguinte: imagine que está em um lugar onde se sente muito confortável, sabendo que a pessoa "perfeita para você" está por perto. Você está feliz porque ela está lá, sabe que ela gosta de você e você gosta dela, e se permite querer essa pessoa e querer a relação que você tem com ela. (Se você está tentado a fazer objeções e comentários como "ninguém me ama", "isso nunca vai acontecer comigo" e coisas do gênero, tente deixá-los de lado por ora.) Agora imagine que esse parceiro chegue. Imagine vê-lo, ouvir sua voz enquanto fala com você, sentir seu toque quando se aproxima de você. Permita-se sentir plenamente essa atenção, e saiba que você a merece.

O propósito desse exercício não é pensar em como será seu futuro parceiro. É ter a experiência imaginária de desejar essa pessoa, de sentir-se no direito de desejá-la e ser desejado de volta. Como foi dito no início deste livro, a escolha de um parceiro é uma busca, e, como em toda busca, é bom ter uma dose de intrépida coragem — coragem de acreditar em si mesmo, coragem de acreditar que existem pessoas por aí que vão, sim, escolher você. Se acreditar nisso, será muito mais fácil deixar de lado quem você não quer e avançar na direção de quem você quer.

Especificar

Então como começamos? Como criamos nosso próprio funil do amor? A resposta é: sendo mais específicos. A especificidade clareia a mente, organiza os pensamentos, faz com que nos sintamos no controle, ajuda a entender o que estamos fazendo. É certo achar que a especificidade ajuda a alcançar resultados, mesmo em uma área tão imprevisível quanto a busca por um parceiro.

O ciclo da história se completa nesse ponto. Quando decisões de casamento eram tomadas a partir de critérios mensuráveis (idade, status, posses, potencial de gerar filhos), a especificidade era o jeito de selecionar opções. Porém, quando o romance deixou seu lugar nas coxias para ocupar o centro do palco, passamos a torcer o nariz para a precisão, porque queremos deixar nossas emoções comandarem — se nos amarmos, certamente outros detalhes serão irrelevantes. Agora as coisas voltam a se equilibrar. A maior parte das matérias atuais sobre escolha de parceiros organiza suas missões em forma de listas de especificações — como acontece em todo site de namoro on-line, em muitos artigos de conselhos sobre relacionamentos, e na seção de relacionamentos da Amazon. A safra atual de lendas urbanas sobre heróis/heroínas que encontraram sua princesa/príncipe por meio de especificações detalhadas nos inspira não só porque nós também queremos conjurar magicamente nossos próprios parceiros de contos de fadas, mas também porque reconhecemos que especificar é necessário ao processo.

Claro que não devemos especificar demais. Não só porque, na vida como ela é, não dá para ter tudo o que queremos, mas também porque vários detalhes do que queremos serão irrelevantes para alcançar o objetivo de uma boa relação. Pode importar muito que um parceiro partilhe de nosso amor por animais, mas, se ele de fato amar os animais — ou se porventura nos apaixonarmos independentemente disso —, muito provavelmente não terá importância nenhuma ele ter olhos azuis em vez de castanhos. A prova disso é apresentada em outro estudo do professor Eli Finkel, no qual ele perguntou a participantes de *speed dating*, pouco antes do evento, os critérios que usavam para escolher parceiros. Ele conta que os participantes ignoraram completamente seus próprios parâmetros quando começaram a socializar apenas minutos depois. Não importa o quanto estamos convencidos de que precisamos de um parceiro extrovertido/introvertido, moreno/loiro, grande/pequeno; quando encontramos a pessoa certa, a forma não tem importância.

Mesmo assim, quando nosso reservatório de parceiros estiver cheio o suficiente, a especificação é o ponto de partida perfeito. Ela nos mantém na linha lógica. Limita o desafio e o mantém realizável. Engaja nossa mente em uma tarefa que, de outro modo, seria facilmente dominada por nossos corações e por outras partes mais libidinosas de nossa anatomia. Talvez inesperadamente, a especificação também abra as portas de percepções mais profundas. O vencedor do Prêmio Nobel Daniel Kahneman, cujo best-seller *Rápido e devagar* recentemente alertou sobre as sutilezas do processo de tomada de decisões (em outras palavras, a escolha), aponta que a especificação não opera apenas na lógica, mas também em uma consciência mais instintiva. Ele acredita que nós "aprimoramos [...] a intuição ao fazer uma lista e depois dormir com ela na cabeça". Quando criamos especificações ideais de um parceiro, muitas vezes exploramos, misteriosamente, questões mais amplas: não apenas sobre critérios superficiais, mas também sobre o que queremos de um parceiro em níveis mais profundos, e como instintivamente reconhecer essas coisas assim que aparecem.

Sua lista de desejos

Especificar é o ponto de partida perfeito — e o melhor dos primeiros passos. Sempre supomos, tanto off-line quanto on-line, que devemos começar com o que nós "vendemos" e só depois considerar o que queremos "comprar" de um parceiro. Essa metáfora não só está errada — relacionamentos não são comércio, e sim conexão —, como invertida. Para atrair alguém, precisamos primeiro saber que tipo de pessoa atrair. Não dá para ativar o GPS de forma eficaz enquanto não sabemos nosso destino.

Se você já fez uma lista de desejos das coisas específicas que quer em um parceiro, aproveite essa oportunidade para revisá-la. Se você ainda não fez uma lista, está na hora de fazer. Escreva todos os elementos que caracterizam seu parceiro ideal. Gênero, idade, aparência, bagagem cultural, crença religiosa, estilo de vida, carreira, posses, disponibilidade, hobbies, interesses, localização — caso esgote suas ideias de categoria, a maior parte dos sites de namoro tem extensas listas de múltipla escolha. Evite respostas vagas e abstratas — a ideia é conseguir um guia inicial detalhado, definido e quantificável. Depois priorize por ordem de importância; como eu disse, não dá para ter tudo, então pelo menos os cinco principais itens da lista devem ser coisas sem as quais você não consegue viver.

Fator impeditivo

Depois liste as coisas com as quais você *não* consegue viver: seus impedimentos. Essa parte é para garantir que não nos vejamos envolvidos (ou pior, casados) com alguém absolutamente incompatível; é o ponto-chave que nos ajuda não a encontrar o Par Perfeito — porque há muitos Pares Perfeitos —, mas a garantir que O Par Mais Errado do Mundo não quebre nossas defesas. A seguir vamos ver quatro impedimentos clássicos, e esse é mais ou menos o número que se deve buscar — mais que isso provavelmente será exigência demais.

- Tendências sexuais diferentes e não complementares — como um possível parceiro ser gay quando você precisa de alguém hétero, ou vice-versa.
- Objetivos de relacionamento desencontrados — como alguém querer casamento quando você procura algo casual, ou vice-versa.
- Um conflito de valores profundo — como alguém ser altamente religioso ao passo que você é alérgico a qualquer coisa remotamente espiritual.
- Interesses incompatíveis — não uma diferença quanto ao entusiasmo (que pode ser resolvida com um pouco de incentivo), mas um desencontro sério como: alguém ser um velejador apaixonado e você ter medo de água.

É tentador desconsiderar os impedimentos, mas devemos ser claros sobre o que não queremos, principalmente sobre aquilo que temos desconforto em não querer, porque é nessas coisas que podemos ser mais imprudentes e ceder. Se realmente não conseguimos viver com alguém que tem um trabalho perigoso, por exemplo, é mais justo para todo mundo que isso seja colocado desde o princípio — em vez de negar, se comprometer e depois voltar atrás.

Um "dia normal e feliz"

Uma vez feita a lista de desejos e apontados os impedimentos, o próximo passo é especificar de um jeito ligeiramente diferente. Em vez de definir o parceiro, imagine uma parceria, um relacionamento. Como se você acordasse um dia de semana, cinco anos no futuro, tendo feito a escolha perfeita. Imagine o resto do dia — nada especial, sem experiências catárticas, só um dia normal, sólido e satisfatório. Qual seria seu plano para esse "dia normal e feliz"? Onde você estaria? O que faria? Como passaria o tempo? Com seu parceiro? Sozinho? Quem mais estaria lá? Que tipo de estilo de vida você teria? Como se sentiria? Acima de tudo, o que seria mais gratificante na relação?

Esse exercício traz uma nova perspectiva ao traçar duas distinções cruciais — entre sonho e realidade, e entre parceiro e parceria. Visualizar o que buscamos não como fantasia, mas como realidade, remove a maior parte dos elementos irrelevantes — coisas que desejamos, mas que são insignificantes para nossa felicidade; pode até ser que alteremos nossa lista de desejos no fim. Além do mais, esse exercício expande nossa consciência de novo, do parceiro a ser escolhido para o dia a dia que teríamos com ele. (Esse dia a dia, evidentemente, é a questão primordial da busca por um parceiro: em certo momento cheguei a me perguntar se este livro não deveria se chamar "Como escolher uma parceria".) Aprofundar os detalhes dessa forma mantém as necessidades primordiais em seu devido lugar, mas também permite que se forme um quadro geral motivador e claro de como queremos que seja nosso futuro.

Convite acolhedor

Como usar essas especificações? No caso do namoro on-line, a lista de desejos e os impedimentos servem para os questionários de múltipla escolha dos sites, enquanto o exercício do "dia normal e feliz" rende conteúdo para os campos de escrita livre no perfil e nas especificações de parceiro ideal. Aqui vai um bônus extra: pesquisas sugerem que, on-line, é mais interessante (leia-se atraente) estruturar seu perfil não como um "currículo de namoro" (idade, interesses, planos para as férias), e sim como um convite acolhedor para que alguém o acompanhe em um relacionamento. O exercício do "dia normal e feliz" fornece todo o material bruto necessário para elaborar esse convite.

Se você tiver motivação para pôr as mãos na massa, também pode usar o material recolhido para projetar e aplicar seu próprio algoritmo de compatibilidade personalizado. Isso é precisamente o que fez o doutorando Chris McKinlay, que parece ter tido um momento eureca quando percebeu que, em vez de depender inteiramente de carisma pessoal, podia usar seu talento como matemático para desenvolver uma fórmula particular de parceira perfeita. Ele fez isso, encontrou o amor e escreveu um best-seller para provar. Detalhes de *Optimal Cupid* [Cupido ideal] (e de *Data, a Love Story* [Dados, uma história de amor], da contraparte feminina Amy Webb) estão na bibliografia.

Se a busca por parceiros for cara a cara — *speed dating*, encontro às cegas, encontro com pretendentes conhecidos on-line, ou a simples boa sorte da hora-certa-no-lugar-certo —, a lista de desejos e de impedimentos e as especificações do "dia normal e feliz" são pontos de referência vitais. Com tudo isso fixo em mente, podemos comparar nossa visão com a realidade, nossos desejos com a pessoa em carne e osso, e podemos nos fazer algumas perguntas cruciais: essa pessoa se encaixa em nossas especificações teóricas, e, caso não se encaixe, será que isso é mesmo importante? Podemos muito bem sentir que não, se houver encaixe em outros sentidos. Essa pessoa apresenta algum de nossos impedimentos, e, caso o faça, será que isso é definitivo? É muito provável que dê para resolver a situação com um pouco de negociação. Por último e o mais importante: essa pessoa pode nos ajudar a criar o dia a dia que desejamos viver até o fim de nossa vida? Se houver possibilidade real de que isso aconteça, essa é a melhor base para continuar.

6. Conectar-se

Simplesmente conecte-se.
E. M. Forster, *Howard's End*

Sem dúvida já está claro que, para fazer boas escolhas de relacionamento, é preciso saber muito mais sobre nossos parceiros do que se eles simplesmente cumprem ou não as demandas de nossa lista de desejos. Voltando à metáfora do "funil do amor", quanto mais filtramos nossas opções de parceiros, mais devemos aspirar a uma compreensão mais vasta e profunda de cada um deles.

Por isso há um adendo ao já mencionado experimento da geleia. Repetições da pesquisa sugerem que o problema da "mentalidade de compra" não acontece somente quando há escolhas demais, mas também quando há informações de menos. Ao aumentar nosso conhecimento sobre cada geleia (isto é, cada parceiro em potencial), a escolha se torna não apenas mais fácil como também mais precisa, mais inteligente emocionalmente, mais bem-sucedida. Então, conforme reconhecemos quais parceiros podem ser certos para nós, precisamos olhar para eles de diferentes perspectivas, observá-los em diferentes situações, para aprender sobre eles e deixar que eles aprendam sobre nós — em resumo, para nos conectar. Novamente, trata-se da abordagem do rio tranquilo, mas desta vez para pescar em águas profundas.

Comecemos com a simples ação do encontro. Houve um tempo em que sabíamos que estávamos apaixonados porque nossos olhos cruzavam com os de alguém em um salão lotado (ou no poço da vila, ou enquanto cultivávamos os campos). O ritual natural e biológico para escolher um parceiro se fundamenta em um contato na vida real.

Sim, algumas cortes históricas aconteceram à distância. A Europa Medieval estava cheia de histórias de embaixadores que viajavam de corte em corte portando retratos de lindas princesas na esperança de arranjar casamentos vantajosos. Mas, sem encontros cara a cara, essa estratégia à distância muitas vezes dava terrivelmente errado: o rei Henrique VIII da Inglaterra foi incapaz ao menos de consumar o casamento com a quarta esposa, Anne de Cleves, porque, quando ela chegou para a cerimônia, o rei viu que "ela não está nem perto de ser tão formosa quanto me foi informado".

Para realmente se conectar com (e escolher) um parceiro, precisamos vê-lo, ouvi-lo, literalmente senti-lo. Foi o antropólogo David Givens que, em 1978, mapeou nosso processo instintivo de atração natural: vemos um potencial parceiro à distância, nos envolvemos por meio de contato visual, depois conversando, depois tocando, e, por fim, acabamos nos aproximando o suficiente para cheirar, provar e, se os astros assim quiserem, chegar ao sexo. Em cada etapa relativizamos nosso apreço consciente ao classificar inconscientemente a aparência física do outro, o jeito como se move e fala, seus atrativos hormonais. Nesse primeiro estágio, o contato cada vez mais próximo filtra parceiros não só por causa do que fazem e dizem, mas também pelo jeito como fazem e dizem. (Os que passam nesse teste tendem não apenas a nos atrair, mas a se sentir atraídos por nós. Se a conexão cara a cara leva ao "sim", é provável que se torne um "sim" puro, circular e reforçado.)

Vinte e três dias

A verdade é que já sabemos de tudo isso. Confiamos intuitivamente no contato cara a cara porque percebemos que ele nos dá o conhecimento essencial para basear nosso julgamento. Relutamos em desenvolver um relacionamento sem antes encontrar a pessoa porque sabemos que, sem o contato cara a cara, não é possível fazer uma avaliação completa. Razão por que, quando se trata do namoro à distância das novas tecnologias, podemos até ficar fascinados, mas também ficamos preocupados. A escolha de parceiro tradicional segue o modelo "encontrar-trocar-olhares-conversar-tocar", enquanto a nova tecnologia segue o novo padrão "ver-ler-escrever-conversar-encontrar-tocar", que deixa a parte mais importante quase para o final.

Pergunta: Como isso pode funcionar? Resposta: Na maioria das vezes, não funciona. É muito possível acontecer de, depois de quebrar a internet de tanto trocar e-mails entusiasmados por várias semanas, o primeiro encontro com nossa paquera virtual revelar repugnância à primeira vista. Além do mais, estudos sugerem que a decepção no cara a cara é diretamente proporcional ao tempo que passamos em contato por outras vias antes de nos encontrar pessoalmente. Em outras palavras, a chance de nossas expectativas se realizarem depende quase inteiramente de quanto tempo passamos acumulando essas expectativas. O número-chave, de acordo com um estudo recente da Universidade South Florida, é de 23 dias de e-mail; mais que isso e o pretendente teria que ser uma divindade na Terra para estar à altura quando acontecesse o encontro pessoalmente.

Não é coincidência que os desenvolvedores de sites e aplicativos, depois de promoverem um tipo de namoro que era literalmente à distância, agora empreguem enorme esforço e investimento na tentativa de reduzir essa distância e reproduzir o primeiro passo natural de cruzar olhares em um salão lotado. A estratégia do momento não é apenas aumentar o acesso através de fotos de perfil, áudio e vídeo, mas promover encontros, noites de socialização, aulas de dança e viagens para solteiros, bem como aplicativos que revelam quais pessoas sentadas no mesmo bar que você procuram amor para determinada noite. A prova de fogo sempre será o contato "próximo o suficiente para sentir o cheiro".

Os benefícios da distância

Dito isso, é um erro ter cautela demais com a distância num site de namoro. Estar longe pode, na verdade, ser muito mais confiável e revelador quando se trata de pensamentos e sentimentos. Um estudo da Universidade Cornell sugere que somos mais propensos a contar a verdade por e-mail do que pessoalmente, por sabermos que nossas palavras estão registradas preto no branco e podem ser verificadas. Também somos mais propensos a expor pensamentos e sentimentos importantes on-line do que cara a cara, porque estar menos próximos de um possível parceiro diminui o medo de rejeição e nos deixa mais à vontade para sermos autênticos. O pico de adrenalina que sentimos com o alerta sonoro "você recebeu um e-mail" não provém apenas de um novo relacionamento em potencial, mas do fato de que esse e-mail pode conter revelações emocionais profundas — e do fato de que podemos responder na mesma moeda.

Então vamos ver como acionar os melhores efeitos da distância: aproveite a quantidade para localizar possíveis candidatos, mas, em vez de ficar nas "cutucadas" ou "likes", avance para a troca de e-mails o mais rápido possível. No nível dos e-mails, sem cobrar demais, mergulhe em conversas mais profundas; faça perguntas sérias, dê respostas sérias, se abra e deixe que as pessoas façam o mesmo. Revelações mais profundas ajudarão a avaliar compatibilidades mais profundas; se elas existirem, avance para telefonemas e encontros presenciais — o nível de excelência da vida real.

Proximidade e química

O contato pessoal deixa tudo tangível, não só física como emocionalmente. Ele acrescenta todos os maravilhosos elementos que escapam de nosso cérebro lógico — há uma razão para Eros ser retratado com uma flecha do amor que perfura direto o coração. É quase um clichê: o olhar completamente fixo e a suspensão do raciocínio lógico. Pense em Maria e Tony de *Amor, sublime amor*, que atravessam a pista de dança para se tocar. Pense em Marius e Cosette de *Os miseráveis*, que paralisam quando seus olhos se encontram pela primeira vez nos Jardins de Luxemburgo.

Ao contrário do que se pode pensar, isso não é apenas uma questão de desejo. É também porque a simples proximidade importa muito e nos influencia muito. Uma vez que haja a atração básica, quanto mais tempo passamos com a pessoa, mais ela parece atraente, amável, simplesmente melhor. E quanto mais tempo, com mais frequência e regularidade, passamos com essa pessoa, mais profundo o impacto. Um estudo de 1930 com 5 mil casais americanos mostrou que 45% deles ficaram juntos quando moravam a poucos quarteirões de

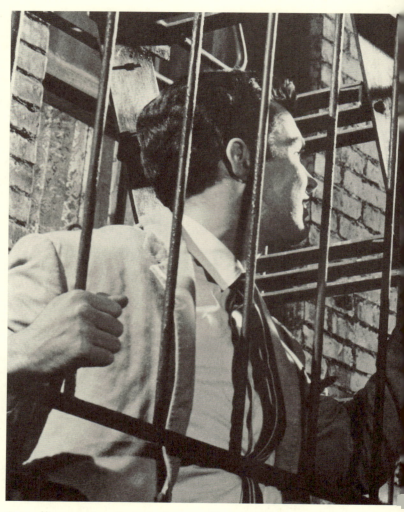

Amor, sublime amor. Amor à primeira vista com trilha sonora de Leonard Bernstein, letras de Stephen Sondheim e coreografia de Jerome Robbins.

distância, o que não é tão surpreendente em 1930 quanto seria hoje, mas mesmo assim é impressionante.

Agora falaremos sobre "química", fator tão apreciado e persuasivo que um site de namoro adotou esse nome. Certamente todo mundo já experimentou o tipo de afeição mútua e profunda que faz a pessoa se sentir tão bem consigo mesma quanto com o outro. Mas é difícil identificar — e isso as pesquisas não mostram — o que exatamente é a química, e ainda mais difícil identificar o que a causa. A urgência biológica básica? Um complexo encaixe psicológico? Será que devemos considerá-la um fator em nossa estratégia de escolha? Sem química, a maior parte das pessoas hesitaria em levar as coisas adiante com um parceiro, e muitas pessoas sentem que sua ausência é um fator impeditivo. O fundador do eHarmony, Neil Clark Warren, afirma categoricamente que, se você não sentir vontade de beijar um pretendente até o terceiro encontro, "provavelmente nunca sentirá". Outros experts em namoro se juntam às muitas culturas tradicionais que julgam que a química não é decisiva para o sucesso de um relacionamento. Talvez a única coisa garantida pela química seja a química. Se assim for, em vez de exigir que ela seja um pré-requisito para o relacionamento, talvez devesse ser vista como uma ilusão que desvia a atenção.

Estratégias para tomar decisões

Por isso, por mais antirromântico que pareça, é bom acrescentar ao julgamento critérios mais mensuráveis, mais estratégicos, menos instintivos. Conforme os primeiros encontros evoluem para contatos regulares, um exercício sábio é se perguntar que evidências você usa para formar sua opinião. (Nessa altura, pode ser útil você pensar como julga não apenas parceiros, mas qualquer pessoa próxima — amigos, colegas, até familiares.)

Você tira suas conclusões sobre uma pessoa por causa...

... de sua aparência?

... das coisas que diz?

... de como age na prática, em oposição ao que diz?

... de sua reputação no geral?

... do que pessoas importantes para você pensam sobre ela?

... de como você se sente emocionalmente quando está com ela?

... de como você se sente emocionalmente quando não está por perto mas está pensando nela?

... de seu contato sexual, se ele existir?

... de como são os amigos e a família dela?

... de como ela interage com os próprios amigos, família, colegas?

... de como ela interage com os seus amigos, família, colegas?

... da vida pregressa dela, no geral?

... do histórico de relacionamentos dela, em especial?

... do que seus instintos lhe dizem?

Tente dividir esses critérios entre os que você sempre usa e os que não se dá ao trabalho de usar porque parecem irrelevantes, descontextualizados, impossíveis de julgar. A seguir, arranje a lista em ordem cronológica, indo dos que você presta atenção primeiro para os que deixa para depois, até chegar aos que nunca usa. Alguma surpresa?

Depois pense retroativamente. Como essa sua estratégia de decisão tem funcionado, de verdade? Se a resposta for menos que "perfeitamente", como você pode melhorar? Talvez priorizar os elementos que até agora deixava para depois. Talvez confiar menos em alguns tipos de evidência e mais em outros. Talvez você precise ampliar, usar uma variação mais extensa de avaliações e balanços, para que suas decisões sejam mais eficientes.

Uma reflexão interessante sobre inícios: um de meus primeiros orientadores na psicologia sugeriu que a primeira experiência com um parceiro fornece um retrato do futuro da relação, monta seu cenário e escreve o roteiro cuja trama será desenvolvida. Portanto, se Mary passa o primeiro encontro ouvindo Tom martelar sobre a ex-namorada, pode concluir que o passado de Tom domina sua futura relação. Se, no primeiro encontro, Tom e Mary concordam facilmente sobre onde ir comer, é provável que tenham tempos de cooperação pela frente.

E então, houve algum primeiro encontro que, em retrospecto, deveria ter sido um alerta para sair correndo? Algum primeiro encontro que, em retrospecto, você deveria ter considerado o início de algo importante? Nada de arrependimentos — o passado ficou para trás —, mas talvez esses encontros possam servir de bases de comparação para seu avanço.

Três elementos

Se a compatibilidade cara a cara foi confirmada e o que queremos é apenas um caso passageiro, precisamos de pouco mais que paixão e oportunidade. Se procuramos algo mais profundo, os critérios são mais complexos. Por baixo da intensidade e do prazer, é preciso haver uma compatibilidade mais profunda. Como Joanne Woodward parece ter dito sobre seu casamento de cinco décadas com Paul Newman, "A beleza desbota e a sensualidade se desgasta com o tempo. Mas estar casada com um homem que te faz rir todos os dias... isso é um tesouro". Então, será que recebemos de nosso parceiro (e será que damos) esse tipo de satisfação, seja por meio do riso ou de outras formas?

Se sim, provavelmente estamos diante de uma conexão entre três elementos: valores, objetivos de vida e personalidade:

- *Valores*: o que faz nossa existência valer a pena — confiança, entusiasmo, reconhecimento social, felicidade, autorrespeito, status.
- *Objetivos de vida*: as realizações que desejamos ao longo da vida — carreira de sucesso, segurança financeira, viagens, aventuras, casamento, filhos.
- *Personalidade*: uma combinação de caráter e temperamento — honestidade, acuidade mental, gentileza, generosidade, bravura, compromisso com o trabalho duro.

Aqui temos um problema de quantidade. Enumerei uma lista relativamente longa de exemplos para cobrir os três elementos, mas poderia ter dedicado um capítulo inteiro (ou um livro inteiro, na verdade) para cada um. Isso porque, embora, normalmente, os hobbies de nosso parceiro possam ser contados com os dedos de uma mão, as subcategorias possíveis nesses três níveis profundos chegam a números maiores que o de cabelos em nossa cabeça. Elementos demais para contar, quanto mais para usar como parâmetros na escolha de

Ele se perguntou quanto tempo sua parceira levaria para encontrá-lo no cume, sendo que, já de cara, começaram o trajeto indo em direções diferentes.

parceiros. É melhor explorar essas questões de forma mais geral para revelar o que é realmente importante.

Três perguntas

O próximo exercício proporciona essa exploração mais ampla. Seu ponto de partida é um tópico ligeiramente mórbido, mas útil para ajudar a refletir. Imagine que você esteja em seu leito de morte. Você olha para o passado e vê uma vida boa. Você experimentou o que tinha que experimentar, fez o que tinha que fazer, está se despedindo como tem que se despedir. Agora pergunte-se o seguinte:

1. Quais são os três valores que fizeram sua vida valer a pena? (Pense em benefícios como segurança, felicidade etc.)

2. Quais são os três objetivos de vida que você sente mais satisfação e orgulho de ter realizado? (Pense em metas como sucesso na carreira, aventuras etc.)

3. Por quais três aspectos de sua personalidade você quer ser lembrado quando não estiver mais aqui? (Pense em descrições como honestidade, generosidade etc.)

Responda a essas três perguntas, pegue suas nove respostas, e terá uma excelente lista do que é profundamente importante em sua vida e, deste modo, do que precisa ser profundamente importante na vida de seu parceiro. Se um de seus valores cruciais é status, você vai querer que seu parceiro preze por isso também. Se seu sonho é ter um time de futebol de filhos, seu parceiro ideal será alguém que planeje a mesma jogada — com o perdão do trocadilho. Se trabalhar duro é importante para você, vai precisar de um parceiro disposto a passar noites em claro ao seu lado, ou pelo menos alguém que dê um abraço genuinamente grato quando você finalmente for para a cama às seis da manhã.

Provas de amor

Nove palavras são um ótimo começo e um bom retrato. O problema é que quase sempre escolhemos palavras que, apesar de significativas, também são abstratas, indefinidas, pouco detalhadas. Por exemplo: quase todo mundo que faz esse exercício menciona a palavra "amor". Mas qual sabor de amor exatamente? E se ele não for do gosto de seu pretendente? E se nossa ideia de "amor" consistir em passar bastante tempo livre separados e a ideia de "amor" do outro consistir em passar 24 horas por dia, sete dias por semana se contemplando, olhos nos olhos? E se nós concordarmos com São Paulo quando ele diz que "o amor é paciente, o amor é bondoso", e nosso parceiro for da linha de Woody Allen, que diz que "amar é sofrer"?

Que rufem os tambores para o best-seller do consultor Gary Chapman, *As cinco linguagens do amor*, que defende exatamente essa ideia. Ele diz que cada um tem um vocabulário próprio de como se sente amado — nós temos e a pessoa que amamos também, e a discrepância entre nossas visões cria armadilhas no relacionamento. A lista de cinco linguagens de Chapman é a seguinte: palavras de afirmação, qualidade de tempo, receber presentes, formas de servir, toque físico — embora, com certeza, existam outras que poderiam ser criativamente adicionadas à lista. É bem evidente onde podem estar as armadilhas: se a principal linguagem de amor de seu parceiro for "receber presentes" e a sua for "palavras de afirmação", não importa quantos presentes maravilhosos ele lhe dê, você continuará se sentindo pouco valorizado enquanto não ouvir aquelas três palavrinhas. Se seu critério principal é o tempo de qualidade que vocês passam juntos e seu parceiro define o amor como formas de servir, não importa com quantos finais de semana românticos você o surpreenda, ele não ficará satisfeito se você não tirar o lixo de vez em quando.

Quais são as suas provas de amor? Defina o mais concretamente possível. Depois faça uma lista igualmente concreta com as "provas" de suas respostas de leito de morte: o que você quer dizer com "segurança" — é financeira, prática ou emocional? No que você pensa quando fala em "carreira de sucesso" — promoções, satisfação com o trabalho ou reconhecimento na equipe? O que você tem em mente quando fala em "generosidade" — é dar seu tempo, seu dinheiro, sua energia? Pense sobre esses significados mais profundos para que possa explicá-los a seu parceiro e ensiná-lo a ser bom para você quando o momento certo chegar.

Semelhança

Já está claro que precisamos de um parceiro que aceite, aprecie e aprove esses nossos elementos. Mas será que precisamos de alguém que nos espelhe, que seja exatamente igual a nós, que seja "farinha do mesmo saco"? Aqui recorremos ao insight do psiquiatra Hellmuth Kaiser, que, em 1940, enquanto assistia a dois gêmeos idênticos patinarem no gelo em perfeita harmonia, de repente percebeu que a absorta fascinação da plateia era muito mais pela sincronia dos irmãos do que por suas habilidades técnicas. Seres humanos gostam de simetria. Ela nos faz sentir seguros; até bebês com apenas alguns minutos de vida gorgolejam de alegria quando adultos espelham seus movimentos. Ela nos faz sentir legítimos; a imitação é lisonjeira, então fortalece nosso sentimento positivo sobre nós mesmos.

Esse sentimento positivo é recíproco, um círculo virtuoso; se veneramos um parceiro por sermos parecidos, é provável que ele nos venere de volta. Por isso a maior parte dos sistemas de encontros, desde casamenteiros até sites, sugere pares a seus clientes com base em semelhança. E certamente essa abordagem está correta em relação a valores e objetivos de vida. Se nos juntarmos com alguém que escolheu o mesmo caminho de vida que nós, ficaremos contentes; se estivermos em caminhos opostos, vamos nos afastar rapidamente ou entrar em um cabo de guerra. O amor, como diz a famosa frase de Antoine de Saint-Exupéry, é feito "não de duas pessoas que olham uma para a outra, mas de duas pessoas que olham na mesma direção".

Quando se trata de personalidade, fica um pouco mais complicado, a pesquisa se torna mais contraditória e é realmente possível que opostos se atraiam. Sim, parceiros com a mesma personalidade podem se tornar bons camaradas. Porém, podem não ter faíscas suficientes para gerar interesse, muito menos romance, e nem complementaridade suficiente para trabalhar em equipe no dia a dia, muito menos construir um lar, criar filhos, e equilibrar os malabares da vida prática compartilhada. Por exemplo, em *Mulherzinhas*, romance de Louisa

May Alcott sobre o período de crescimento de meninas nos Estados Unidos da Guerra Civil, Jo March rapidamente faz amizade com Laurie, o vizinho da porta ao lado. Seu vínculo é próximo e forte, mas, quando Laurie se apaixona por Jo, ela é sensível o bastante para perceber que suas atitudes similarmente masculinas e personalidades igualmente explosivas significam que jamais seriam um bom casal. Em vez disso, se muda para Nova York e conhece o acadêmico Friedrich Bhaer, cujo caráter meigo complementa (em vez de espelhar) o dela. Sob sua orientação, Jo desenvolve seu potencial, enquanto Laurie acaba igualmente bem-casado com Amy March, mais feminina e menos tempestuosa. A lição que Alcott nos oferece — lição que livros de aconselhamento sobre relacionamentos vêm repetindo por gerações — é que devemos escolher um companheiro com valores e objetivos semelhantes, mas personalidade diferente da nossa.

Contudo, pesquisas recentes da Universidade Columbia sugerem que as coisas são mais complexas que isso. Parece que uma resposta melhor está em outra pergunta: o que as pessoas querem? Aqueles que se sentem à vontade com a semelhança vão florescer com um parceiro o mais parecido possível. Aqueles que se energizam em contato com a diferença vão florescer com um companheiro diferente. Não é a dinâmica em si (teoricamente todas as variações podem funcionar), é nosso nível de conforto que determina o sucesso.

E quanto a "homens são de Marte, mulheres são de Vênus"? Podemos nos perguntar se, sendo a semelhança tão importante, mas os cromossomos X e Y tão irreversivelmente diferentes, todas as relações intergênero estarão fadadas ao fracasso. Tranquilize-se: homens e mulheres na verdade são muito parecidos. Alguns psicólogos chegam a dizer que há apenas duas diferenças inerentes ao gênero (destreza

"Compromisso é uma ação, não uma palavra." — Jean-Paul Sartre

verbal e agressividade), e qualquer outra coisa se deve à educação, não à natureza, e portanto é ajustável. Então, se uma relação acaba de maneira infeliz, não devemos culpar a diferença de gênero ou apontar de forma acusadora para "homens" ou "mulheres". Também, se uma relação é conduzida com sensatez, não devemos nos preocupar de ela estar condenada só porque a pessoa amada é de determinado gênero. Em outras palavras: "homens são da Terra, mulheres são da Terra. Lide com isso". (A autoria dessa citação é reivindicada por no mínimo uma dúzia de pessoas, mas a frase era oportuna demais para ser omitida deste livro só porque não se sabe quem é o autor.)

Despojar-se

Valores, objetivos de vida, personalidade. Conversas honestas provavelmente conseguirão nos levar a fazer estimativas sobre esses três elementos nos primeiros encontros com um pretendente e (se necessário) pular fora caso haja razões para duvidar...

No entanto, provas reais desse nível levam algum tempo, e é tão importante falar quanto escutar. Revelar o que é importante para nós, fazer as coisas que nos fascinam, explorar o passado e planejar o futuro juntos removerão, com o passar do tempo, mais e mais "véus" individuais, e com esse desnudamento nosso julgamento sobre o outro se tornará mais e mais aguçado. Estudos sugerem que os objetivos se revelarão primeiro, depois os valores, e por último a personalidade. Para acelerar um pouco o processo, você pode tentar levantar as "perguntas do leito de morte" como assunto para debate. Se colocadas grosseiramente, podem levar a conversa a um fim estremecido, mas, se usadas num estágio em que ambos estão suficientemente à vontade para mergulhar mais fundo, são excepcionalmente boas para realçar compatibilidades.

Bordado

Falando em véus, será que é sensato "bordá-los" no início do processo, talvez omitir certos detalhes e sutilmente alterar outros em busca de melhor efeito? Como devemos nos apresentar para atrair um parceiro? Resposta: não se "apresente", simplesmente seja. Claro que é tentador manipular os dados em destaque — aparentemente, as mulheres, quando on-line, costumam diminuir idade e peso, enquanto os homens aumentam altura e salário. E claro que é cortês não ser tão "aberto e honesto" a ponto de passar os primeiros encontros revelando detalhes íntimos de nosso último fim de namoro ou os dígitos de nossa atual crise financeira. Porém, se não falarmos a verdade pelo menos quanto aos fatos desde o começo e quanto às emoções logo em seguida, corremos sérios riscos de acabar com um parceiro que quer o que dizemos ser, e não quem realmente somos.

É por isso que não sou fã de sistemas de encontro como o do livro *As 35 regras para conquistar o homem perfeito*, que indica a abordagem "fazer-se de difícil" para escolher um parceiro. Devo admitir que me sinto meio nauseada com um livro que, na décima nona linha da introdução, já promete um modo de agir perto dos homens que os torna "obcecados, querendo se comprometer" — o que sem dúvida é condescendente com os dois gêneros. Porém, minhas objeções não são apenas ideológicas, são pragmáticas: qualquer pretendente, seja homem ou mulher, que tenha sido cativado pela excitação de perseguir algo "difícil" provavelmente perderá o interesse quando a caçada chegar ao fim. Embora ser autêntico possa parecer assustador, quanto mais autêntico se é (sobre aquilo em que se acredita, o que se quer, quem se é), mais chances de encontrar um príncipe ou princesa adequados, mesmo que isso também signifique espantar um monte de sapos incompatíveis pelo caminho.

E se, ao contrário, desconfiamos que um parceiro é pouco autêntico? A questão aqui não é se ele está mentindo — se suspeitamos que esteja, provavelmente estamos certos. Mas e se o nervosismo o limita, ou a falta de autoestima faz com que esconda seus verdadeiros pensamentos e sentimentos? Normalmente só o tempo, a confiança e a oportunidade de conversas mais profundas dirão. Porém, (ainda que isso não esteja sob nosso controle e não deva ser arranjado), um drama ou crise externos muitas vezes deixam as coisas mais nítidas por quebrar a timidez de começo de namoro e por dar razões para os parceiros se colocarem e mostrarem quem realmente são, para o mal ou para o bem.

Lembro-me de uma cliente cujo ponto de virada para terminar com o namorado foi quando ela sofreu um acidente e ele sugeriu que ela chamasse um táxi para levá-la ao pronto-socorro, porque ele estava "cansado demais" para levá-la em seu carro. Para não perder a fé na humanidade, lembro-me de outra cliente, que foi assaltada; o apoio de seu parceiro, sua disponibilidade e total compreensão com o trauma que ela sofreu a empurraram de cima do muro direto para o compromisso. O roubo foi triste, mas bom para o relacionamento.

Acolher, depois resolver

As duas histórias apresentadas, ao revelar duas reações muito diferentes às necessidades emocionais de um parceiro, trazem à tona um outro tipo de conexão. Se você está lendo este livro com a expectativa de uma "dica máxima", chegou a hora. Sem esse elemento, todas as compatibilidades do mundo não serão capazes de nos manter fora d'água; com ele, todos os alarmes, desvios, dramas e crises serão incapazes de nos afundar. A professora Sue Johnson, em cujo trabalho se baseia esta parte do livro, até insinua que qualquer outro fator da busca pode ser irrelevante. Acerte nisso, e você está feito.

Estou falando da responsividade emocional — a capacidade que um parceiro tem de prestar amável atenção a nossas necessidades emocionais, e nossa capacidade de prestar atenção nas dele. Note a reciprocidade. Assim como precisamos escolher um parceiro que valorize nossos sentimentos, precisamos escolher um parceiro que nos motive a valorizar os dele. Não importa o quanto um pretendente seja maravilhoso, se ele não nos inspira a corresponder, é a escolha errada.

Todo mundo tem necessidades emocionais. A famosa hierarquia de necessidades de Abraham Maslow (aquele triângulo em cuja base ficam as necessidades fisiológicas de ar, água, comida, agasalho, abrigo e segurança) tem como camada mais alta as necessidades de pertencimento, aceitação, confiança, respeito e amor. Passamos a gerar boa parte disso dentro de nós mesmos quando amadurecemos, mas quando John Donne diz: "nenhum homem é uma ilha", ele quer dizer que ninguém pode fazer todo o trabalho sozinho. Saber que nosso parceiro responderá quando precisarmos dele e que nós responderemos quando ele precisar de nós é o cerne da ligação amorosa.

Então o que é essa tal responsividade? Veja aqui uma definição que pode ser útil:

1. Ser capaz de notar, prestar atenção, refletir, acalmar e expressar suas próprias emoções.

2. Ser capaz de notar, prestar atenção, refletir, acalmar e corresponder às emoções de seu parceiro.

3. Ser capaz de refletir sobre os itens 1 e 2 e discutir a interação deles.

4. Ser capaz de pôr em prática todos os itens acima mesmo quando seu parceiro não consegue, ou se recusa a fazê-lo.

Repare o que não consta na lista: qualquer menção a soluções. Soluções podem ser vitais, mas é improvável que seu parceiro até mesmo escute, muito menos faça qualquer coisa com elas, enquanto as emoções não forem respeitadas. Então, primeiro acolha. Só depois solucione.

Em casa diante da lareira

Vamos olhar para isso de outro jeito, não como lista, mas como uma história. Um de meus livros favoritos é *Longe da multidão*, de Thomas Hardy, em que a obstinada Bathsheba Everdene rejeita o pedido de casamento do bondoso empregado Gabriel Oak. Em vez disso, se casa com o elegante sargento Troy, e, quando ele a abandona, aceita a corte de um vizinho reservado, chamado William Boldwood. Só para deixar claro: ainda que haja tragédias, não há nenhum vilão nessa história. Todos fazem o melhor que podem, cada um do seu jeito.

Porém, apenas um homem — Oak — é digno de Bathsheba. E não só por ajudá-la com o trabalho na fazenda, mas também porque é o único capaz de aguentar firme emocionalmente. A paixão do sargento Troy seduz Bathsheba, mas seus sentimentos não são confiáveis; Boldwood é emocionalmente machucado. Oak é o único capaz de uma generosidade empática; nas palavras de Hardy, "as [coisas] que afetam o bem-estar pessoal de Gabriel não são, a seus olhos, as mais motivadoras ou importantes". Se você já leu o romance, sabe o fim. Se não, pegue a dica no pedido de Gabriel a Bathsheba, que ela primeiro rejeita como "maçante", mas depois aprende a valorizar: "em casa, diante da lareira, sempre que você olhar em volta eu estarei lá — e sempre que eu olhar em volta, lá estará você".

Engajamento emocional

Isso faz tudo parecer simples. Porém, esse tipo de maturidade exige muito. Significa, como bem sabe Gabriel Oak, estar ao lado de seu parceiro ao longo do tempo e em qualquer circunstância. Significa ficar calmo mesmo quando se sentir triste, bravo ou ansioso. Significa se empenhar mesmo quando seu parceiro está triste, bravo ou ansioso e você morrendo de vontade de falar para ele se controlar. Significa manter-se firme e forte mesmo quando seu parceiro o usa como alvo para metralhar sentimentos negativos — como vai acontecer de vez em quando até na relação mais afetuosa. Fácil? Nem um pouco.

Então temos direito de usar a responsividade emocional como critério para escolher parceiros? Desde que seja recíproco, é totalmente razoável esperar que um pretendente nos dê apoio emocional e totalmente justificável ir embora se ele não puder ou não quiser nos dar. A ciência está do meu lado nessa: o estudo realizado ao longo de catorze anos do professor Ted Huston, na Universidade do Texas, em Austin, é um marco: indica que, se os parceiros não se preocupam emocionalmente um com o outro durante a conquista, mesmo que decidam casar, depois vão acabar se separando. Se os casais são gentis, calorosos, simpáticos e empáticos de verdade desde o princípio, têm muito mais chance de continuar juntos. Não só podemos como devemos usar a responsividade emocional como um fator de impedimento.

A esta altura, você deve estar se perguntando sobre a crença generalizada de que não se pode esperar isso de quem tem o cromossomo Y. Os homens são capazes de reagir emocionalmente? A resposta é sim, muito. A cautela masculina em relação a emoções não é porque eles sentem menos — na verdade, fisiologicamente suas emoções são mais fortes e mais doloridas, por isso a cautela. A principal deficiência masculina é construída; menininhos ouvem que não podem chorar, meninões ouvem que devem "ser homens", mas eles raramente ouvem qualquer coisa sobre como lidar com as emoções. Outro estudo da Universidade do Texas sugere que, quando ficam sabendo que a empatia é atraente e a responsividade emocional constrói boas relações, os homens são plenamente capazes de aprender. Sei disso em primeira mão. Tive vários clientes que mergulharam de cabeça nesse desafio, se esforçaram para estabelecer comunicação com suas parceiras e responderam aos esforços delas de se comunicar com eles. Sem dúvida esses homens são valentes — mas não são os únicos. Há muitos deles por aí.

Adão entendeu de imediato que esse relacionamento seria emocionalmente exigente.

Provas de responsividade

Um pouco antes, neste mesmo capítulo, tivemos de ser muito específicos sobre valores, objetivos e personalidade; pensar quais eram nossas definições, decidir quais seriam as "provas" de que conseguimos suprir as necessidades de nosso parceiro e vice-versa. Da mesma forma, é bom sermos específicos sobre a responsividade emocional — o que ela significa para nós, como reconhecê-la ao cruzarmos com ela — ou uma vez mais a relação corre risco de virar um campo minado em que aquilo que um parceiro quer não é o que o outro pode oferecer.

Como descobrir sua definição? Um bom jeito é pensar na última vez em que você sentiu que recebia ativo apoio emocional; o que as pessoas disseram e fizeram (ou deixaram de dizer e fazer) que lhe devolveu o equilíbrio? Em contraposição, quando foi a última vez em que você se sentiu desamparado? O que aconteceu para você ficar decepcionado e desencorajado? Quais são as diferenças entre essas duas vezes para você ter se sentido de jeitos tão diferentes?

Dá para saber se um pretendente é capaz de ter responsividade? É bobagem tentar julgar isso no começo da relação, quando interações emocionais mais exigentes quase nunca são apropriadas e, muito menos, necessárias. Dito isso, aqui estão excelentes sinais de responsividade, cuja ausência é preocupante: se um pretendente escuta com atenção o que você fala, revela consciência emocional enquanto ele próprio fala e — essa é uma pegadinha — demonstra empatia com quem está em volta, mesmo que claramente não sejam pessoas por quem tem interesse. Um amigo meu se casou com uma mulher que, durante o primeiro encontro, foi gentil com o garçom mesmo quando ele derrubou sopa em seu colo por acidente. Outra amiga dispensou instantaneamente um namorado que foi grosso com um atendente nervoso. Nas duas ocasiões, meu veredito foi: boa escolha.

Provas sérias a esse ponto provavelmente só vão aparecer quando surgirem as primeiras emoções fortes e desconfortáveis — em ocasiões que podem ser tão importantes quanto a perda de um ente querido ou tão pequenas quanto um trajeto desagradável do trabalho para casa. Um companheiro pode ser capaz de escutar, confortar, se compadecer e acolher — e nós podemos ou não aceitar isso dele. Nós podemos ser capazes de escutar, confortar, nos compadecer e acolher — e nosso parceiro pode ou não nos receber. Precisamos prestar muita atenção, porque é aqui que os dois lados mostrarão suas verdadeiras personalidades. E é aqui que encontraremos as respostas para as duas perguntas que, segundo Sue Johnson, são as mais cruciais para o sucesso do relacionamento: "Posso estar ao seu lado para apoiá-lo? Você consegue estar ao meu lado para me apoiar?".

Paul e Linda

E se a resposta para a primeira pergunta ("Posso estar ao seu lado para apoiá-lo?") for "não"? Se não sentimos vontade de nos entregar emocionalmente ao nosso parceiro, precisamos nos perguntar por quê e escutar atentamente qualquer razão que a mente e o coração deem como resposta. "Por que não estou entusiasmado o suficiente com essa pessoa" é uma informação extremamente útil, mesmo que provavelmente signifique o fim.

A resposta à segunda pergunta ("Você consegue estar ao meu lado para me apoiar?") às vezes não é clara. Podemos sentir que um parceiro está disposto, mas sua resposta a nossos pedidos de cuidado não ser bem do que precisamos — desatenção, distanciamento, indiferença nos comentários. Isso já é razão para um fora? Se todos os outros sinais são positivos, com certeza é injusto terminar a relação sem dar ao parceiro ao menos uma chance de melhorar. Então talvez se deva pedir claramente e sem críticas o tipo de resposta de que você precisa quando está emotivo? Escutar ou abraçar. Perguntar ou ficar em silêncio. Apontar o lado positivo ou apoiar o pessimismo. Dar um tempo para a pessoa ficar sozinha ou se oferecer para ficar mais um pouco. E, já que estamos falando disso, podemos até mudar o rumo da conversa e perguntar de que tipo de resposta nosso parceiro precisa quando está chateado. Só para saber.

Pode ser que essa profundidade de diálogo não seja possível de primeira. E pode ser que esses últimos parágrafos pareçam mais conselhos sobre como se relacionar com um parceiro do que sobre como escolher um parceiro. No entanto, esse é um fator muito importante para a escolha de sucesso: descobrir se cada pretendente tem capacidade e entusiasmo de aprender as necessidades do outro e as demandas da relação. Se um dos dois não consegue ou não quer aprender, não há futuro, por mais duro que pareça. Se estiverem prontos para estudar, o futuro brilha.

Aparentemente, quando Paul McCartney e sua primeira mulher, Linda, se casaram, fizeram um voto particular: "Eu nunca o(a) decepcionarei". No meu entendimento, isso não significava apenas que eles jamais se insultariam ou menosprezariam. Não significava apenas que eles jamais se trairiam ou abandonariam. Significava que eles jamais deixariam de prestar atenção nos sentimentos um do outro, jamais deixariam de dar atenção às necessidades um do outro, jamais falhariam em se abrir um com o outro, jamais falhariam em responder. Isso é responsividade emocional em sua melhor forma.

Quatro tendências

Chegamos agora à questão que talvez seja a mais intrincada de todas as que avaliam o potencial de um relacionamento: como nos relacionamos, não apenas quando um dos dois está carente, mas quando a conexão está ameaçada pelo desgaste.

Porque é inevitável: todas as pessoas se sentem inseguras e até não amadas em algum ponto do relacionamento. A diferença está no que se faz com isso. O ponto central para entender o que precisamos de um parceiro está em entender nossas diferenças e o que elas significam.

Devemos esse conhecimento aos psicólogos John Bowlby e Mary Ainsworth e seu trabalho sobre o desenvolvimento infantil (aqui simplificado para facilitar a compreensão). Em meados do século xx, Bowlby deu início a uma ideia simples, mas inovadora: para os humanos, a vida é insegura. E isso começa cedo. Perdemos a confiança quando, ao nascer, somos lançados em um mundo completamente diferente do útero seguro e confortável onde estávamos. Perdemos mais confiança quando, não importa quão dedicados sejam nossos criadores, eles às vezes estão distraídos, ocupados ou estressados demais para nos dar a atenção de que precisamos. Sim, sobrevivemos, e geralmente sobrevivemos bem. Porém, por trás de tudo continuamos desconfiados, temos medo de não ser amados e, se formos, temos medo de que esse amor desapareça — quando bate essa insegurança, apelamos para nossos próprios mecanismos de superação, que Bowlby chamou de tendências de "apego".

Mary Ainsworth desenvolveu essa teoria com um estudo aprofundado de 76 crianças com idade entre um e dois anos e suas mães, explorando de forma mais completa o que seriam esses mecanismos de superação. Mãe e bebê eram levados a um quarto cheio de brinquedos com um assistente de pesquisa presente. Assim que o bebê estava feliz e contente brincando, a mãe fazia três saídas, de três minutos cada — sendo que, na última vez, o assistente de pesquisa saía também. Alguns pequenos choraram e depois se acalmaram, e pareciam "seguros" de que a mãe voltaria. Alguns ficaram "ansiosos", e quando a mãe voltou se penduraram para evitar que ela tentasse ir embora de novo. Outros, entretanto, protestaram ignorando a mãe quando ela retornou, punindo-a por sua ausência; Ainsworth chama isso de comportamento "evitativo". Outros ficaram bravos com a mãe por ter ido embora; chamo essa tendência de "resistente". Quatro reações das crianças, quatro estratégias emocionais, quatro tendências de comportamento quando se sentem inseguras, mal amadas e com medo de que o amor nunca mais volte.

Como adultos...

Poucas décadas depois do trabalho de Bowlby e Ainsworth, há uma percepção crescente de que essas tendências não desaparecem com o crescimento. Como adultos, sem dúvida somos mais seguros porque temos mais controle de nosso mundo, mas várias vezes também descobrimos — geralmente através de corações partidos — que nem sempre podemos confiar nesse mundo para alcançar nossas expectativas. E ainda nutrimos as quatro tendências de apego, às vezes especializados em um nível, mas geralmente misturando vários. Quando estamos "seguros", confiantes em nós mesmos e nos outros, lidamos com o amor com calma e confiança — mesmo que o relacionamento morra no fim. Quando "ansiosos", nos preocupamos com o amor, não temos certeza de nossa competência, e precisamos de confirmações. Quando "evitativos", nos esquivamos do envolvimento emocional e nos afastamos quando surge o compromisso. Quando "resistentes", sentimos uma frustração interior e é possível que criemos conflitos como forma de estabelecer contato.

Se alguma dessas coisas lhe parece familiar, você está certo. Todo mundo tem essas tendências em diferentes proporções. Podemos não manifestar as mais desafiadoras a não ser quando nos sentimos inseguros ou quando a relação está enfraquecida — mas elas estão em todo mundo. Por isso, sem culpa nem vergonha: tendências de apego são parte da condição humana.

Isso, claro, é a razão de tantas personagens da literatura e do cinema exibirem alguma delas (exceto, claro, a tendência "segura", tão madura e sensata que tem zero potencial dramático). As outras tendências, porém, fornecem um material bruto infinito para personagens compulsivos e tramas angustiantes. Como um exemplo de "ansioso", veja a insegurança amorosa de Bridget Jones e sua disposição de se apegar várias e várias vezes a Daniel Cleaver, mesmo quando ele se comporta mal (ainda que no fim ela, felizmente, veja a luz e vá embora). Como exemplo de "evitativo", podemos usar o mordomo Stevens, que, no romance *Os vestígios do dia*, de Kazuo Ishiguro, é tão cauteloso com a relação que possa se desenvolver se ele demonstrar seus verdadeiros sentimentos pela governanta Miss Kenton que passa décadas sem admitir seu amor. Para o tipo "resistente", ninguém melhor que Heathcliff e Catherine, no romance *O morro dos ventos uivantes*, de Emily Brontë; apesar de se considerarem um só — "Qualquer que seja a substância das almas, a minha e a dele são feitas da mesma coisa" —, são infinitamente intensos um com o outro e Heathcliff, em especial, muitas vezes só consegue expressar seu amor por Catherine por meio da fúria desmedida.

Essas tendências tiveram uma publicidade negativa injusta. Como fica claro no último parágrafo, principalmente quando observadas na arte em vez de na vida real, as tendências costumam ser vistas como desvantagem, falha e fraqueza. "Seguro" é corretamente visto como o modelo ideal para relações felizes e maduras. Porém, as outras tendências também têm seus lados positivos. Ser ansioso pode significar motivação para atravessar as tempestades da relação, manter-se leal e manter-se comprometido. Ser evitativo pode significar certa independência emocional e a habilidade de dar espaço aos parceiros. A tendência de resistência pode significar que a pessoa se sente confortável com discordâncias, ou que é capaz de ser extremamente apaixonada e intensa.

Então, até que ponto você se mantém calmo e sereno e confia que a vida e o amor darão o que você precisa? Até que ponto você permanece leal — apesar de às vezes também se apegar? Até que ponto você mantém sua independência emocional — ainda que seja acusado de não demonstrar afeto? Até que ponto você se envolve energicamente — mesmo que provocando uma briga de vez em quando? Como você responde quando sente o amor escapar de suas mãos? O que, em resumo, você trará à tona na relação quando sentir que não está plenamente conectado?

As tendências do parceiro

E o que seu parceiro trará à tona? Descobrir isso nunca será tão simples quanto avaliar altura e peso, valores e objetivos de vida, ou a capacidade de responsividade emocional. É importante observar que tendências de apego podem não se manifestar no início da relação, porque nesse ponto provavelmente nos sentimos perfeitamente amados e perfeitamente seguros. Então como podemos ter, pelo menos, uma boa estimativa das tendências da pessoa amada a tempo de fazer uma escolha razoável?

Aqui está um diagnóstico útil: sexo. Sexo é uma das áreas em que as pessoas são mais elas mesmas e em que revelam esse "si mesmo" mais cedo e mais abertamente nos relacionamentos. É Sue Johnson quem outra vez nos orienta. Ela sugere que o sexo com um equilíbrio saudável entre prazer físico e ligação emocional pode ser chamado de "sexo de sincronia" e reflete uma tendência segura. Sexo usado principalmente como consolo e para acalmar dúvidas ou conflitos, nomeado por Johnson como "sexo de conforto", sugere a tendência ansiosa. Sexo autofocado, pautado na performance, com pouca abertura emocional, pode ser chamado de "sexo lacrado" e sinaliza tendências evitativas. Eu adicionaria que a paixão enérgica, vigorosa, do tipo "bote tudo para fora", é o que se pode chamar de "sexo de combate" e reflete uma tendência de resistência.

De novo: essas são tendências, não tipos. Todo mundo faz amor em todos esses estilos: com emoção, para aumentar a segurança, como autogratificação, para liberar a frustração. Na verdade, meu palpite é que, se misturássemos os quatro, o resultado seria o sexo chamado "normal". Mas uma preponderância evidente de um tipo ou outro pode funcionar como um teste de Rorschach (o teste do borrão de tinta), revelando quem é seu parceiro em potencial e como seria uma possível relação com ele.

Tom e Jerry

O que as tendências de apego significam na escolha de parceiros? Semelhança pode funcionar. Quando os dois são ansiosos ou resistentes, um vai entender o outro e prosperar na necessidade mútua de segurança ou de envolvimento vigoroso. Quando os dois são evitativos — se um dia conseguirem se encontrar —, podem sentir uma gratidão constante pela liberdade recíproca.

A diferença pode funcionar também. Se um compensar o outro, um pouco de dependência ansiosa pode fortalecer o vínculo; uma pequena quantidade de independência evitativa pode estabilizar o convívio; um pouco de envolvimento resistente pode significar que os problemas são trazidos à tona e resolvidos com uma rapidez saudável. (Um bom exercício nesse ponto, além de lembrar seu próprio histórico de relacionamentos, é olhar para os que estão à sua volta, sejam amigos, família ou colegas. Brincar de "encontre a tendência de apego" não só é um bom treino para entender seus futuros parceiros como é muito divertido.)

Porém, cuidado com os extremos. Se encontrar um parceiro que força compromisso no primeiro encontro, que nunca teve um relacionamento que durasse mais que algumas semanas, ou que arranja briga minutos depois de vocês se conhecerem, fique atento. Você está diante de, respectivamente, uma personalidade fora de escala de tão ansiosa, fora de escala de tão evitativa e fora de escala de tão resistente. A não ser que tenha certeza absoluta de que consegue lidar com isso, nem tente.

A combinação infernal mais sutil e geralmente mais difícil de identificar é quando parceiros de diferentes tendências namoram, mas não conseguem se estabilizar. A atração inicial pode ser forte — o contraste causa interesse — e, quando estamos apaixonados, nada consegue afetar esse apego. No entanto, avance um pouco: se injetar qualquer tipo de estresse ou insegurança, essa dinâmica deixará os dois malucos. Ansioso com evitativo significa que um se prende e o outro pula fora. Evitativo com resistente significa que um foge e o outro exige participação. Resistente com ansioso significa que um briga e o outro tem medo. O resultado pode ser uma perseguição como a do desenho animado *Tom e Jerry*, com A perseguindo emocionalmente B pelo quarto do relacionamento. Se vocês têm dez anos de história quando esse tipo de coisa se infiltra na relação, sem dúvida vale a pena gastar tempo, energia e terapia para resolver. Porém, se acontecer com meros dez dias ou semanas de relacionamento, corra!

O ideal

O ideal aqui — e isso é um ideal — é que, no geral, os dois se sintam seguros um com o outro e que pelo menos um dos dois se sinta seguro na maior parte do tempo. É claro, haverá períodos de instabilidade — mas, quando se trata de escolher um parceiro, o necessário é procurar alguém que seja muito honesto e direto, que se comunique com clareza e não seja chegado a jogos de manipulação. Alguém que seja consciente das emoções, sem medo de intimidade e aberto à possibilidade de compromisso. Em outras palavras, humano, mas muito especial.

Há um problema, porém. Isso que acabo de descrever pode facilmente ser percebido não como ideal, mas como uma chatice. Remova as montanhas-russas emocionais das tendências ansiosa, evitativa e resistente e o que sobra pode parecer calmo demais. É fácil se confundir e pensar que, porque uma pessoa não causa problemas, ela também não serve para ser sua parceira. Tive clientes que, no mesmo fôlego em que descreviam seu relacionamento como "o mais seguro que já tive", expressavam dúvidas de que fosse mesmo "o que sempre procurei"; clientes que, enquanto contavam sobre sua satisfação, se preocupavam por ser fácil demais para ser amor de verdade.

De fato, segurança é bom, satisfação é razão para alegria, tempestades ocasionais são estimulantes, mas temporais recorrentes são exaustivos. Se já experimentamos um sentimento de segura satisfação com algum parceiro no passado e não quisemos ficar com ele, a perda foi nossa. E se no futuro experimentarmos esse tipo de segurança em uma relação, então, presumindo que todos os outros requisitos estejam cumpridos, devemos agradecer profundamente e nos agarrar a ela para nunca mais soltar.

7. Estar apaixonado

> Anthony Carthew: *E você, suponho, está apaixonada?*
> Lady Diana Spencer: *É claro!*
> Charles, príncipe de Gales: *Seja o que for*
> *que "apaixonada" signifique.*
> Entrevista à ITN no noivado de Charles e Diana, 1981

Tenho muita fé não apenas na possibilidade como na sabedoria de se apaixonar. É um sentimento mágico, cintilante. O mundo parece brilhante e luminoso, o futuro parece glorioso, tudo parece possível. Sim, estar apaixonado às vezes pode ser difícil — como diz a clássica música francesa, "o prazer do amor dura um momento, a dor do amor dura uma vida inteira". Mas a excitação, o estímulo e a devoção sem dúvida são irresistíveis. Todo mundo deveria se apaixonar arrebatadamente pelo menos uma vez na vida.

Vejamos dois exemplos. No romance de Charles Dickens, David Copperfield, que dá nome ao livro, conhece Dora Spenlow pela primeira vez quando visita a casa de seu pai. "Tudo passou num momento... estava cativo, escravizado." Em seguida há uma deliciosa descrição do êxtase que vem quando sentimos que "havia cumprido meu destino... tragado por um abismo de amor".

Se estiver pensando que a ficção sempre exagera a realidade, lembro que o maravilhamento do jogador de futebol David Beckham ao ver Victoria pela primeira vez em um vídeo das Spice Girls foi tão grande quanto: "eu pensei 'ela é... a perfeição'". O primeiro encontro cara a cara dos dois, em uma partida de futebol beneficente, felizmente levou-os à reciprocidade dessa paixão desenfreada e a namoro, noivado e casamento quase imediatos.

Fixação

Mas o que "estar apaixonado" tem a ver com escolhas de relacionamento eficientes? De certa forma, quase nada. Em termos de evolução, esse fluxo de emoções maravilhosas foi originalmente projetado não para nos ajudar a escolher um parceiro compatível, mas para nos ajudar a ficar com o parceiro com quem fazíamos filhos. O desejo existia para nos fazer rolar no feno, a sensação de estar apaixonado existia para dar disposição de seguir caminhando lado a lado com a pessoa com quem fugimos para o celeiro. A enxurrada de hormônios de "apaixonamento" conhecidos como "monoaminas" existe para nos fazer focar no relacionamento durante os primeiros anos de vida em que os filhos precisam de nós por perto com dedicação integral. Tanto que uma pesquisa na Universidade de Pisa encontrou semelhanças decisivas entre os níveis de monoamina de pessoas no começo de um relacionamento e o de pessoas que sofrem de transtorno obsessivo-compulsivo. Quando você se apaixona por alguém, fica literalmente obcecado pela pessoa — como descreve David Copperfield, "cativo, escravizado".

Há uma série de razões menos evolucionárias, mais psicológicas, e, nessa era de planejamento familiar, menos focadas em reprodução, que explicam por que "apaixonar-se" é tão atraente. É porque, quando nos apaixonamos, perseguimos o sonho emocional de ser o centro do mundo. Quando éramos bem pequenos, a não ser que nossa infância tenha sido prejudicada, as pessoas ao nosso redor fizeram o melhor que podiam para nos manter totalmente seguros, aquecidos, cuidados, amados. Deixamos isso para trás quando crescemos e chegamos à vida adulta, mas sempre vamos procurar sentir isso de novo, sempre vamos querer recriar a segurança e a aprovação que tivemos nos primeiros anos de vida. "Apaixonar-se" contém a promessa de que nosso amado fará de nós o centro de seu mundo por toda a eternidade. Não surpreende que seja uma compulsão obsessiva.

Nós construímos essa compulsão. Quando estamos apaixonados, tendemos a passar muito tempo juntos — proximidade, você deve lembrar, fortalece a atração. Ficamos por perto, nos conectamos pelo sexo, mas também por linguagens corporais compatíveis, revelações emocionais e contato visual profundo. A eficácia desses dois últimos elementos foi demonstrada de forma fascinante pelo psicólogo Arthur Aron, que fez pessoas que não se conheciam antes perderem a cabeça de amor uma pela outra simplesmente botando-as para fazer uma série de 36 perguntas reveladoras e depois se olhar nos olhos por meros quatro minutos. Essa abordagem foi usada depois em um experimento para aumentar o "fator de aderência" de participantes de *speed dating* (encontros rápidos) — e de fato as pessoas que fizeram perguntas mais pessoais e deram respostas mais reveladoras foram as mais escolhidas da noite.

É melhor escolher uma montanha-russa que o devolva ao chão em segurança e sem enjoos.

A montanha-russa errada?

O problema é que podemos ficar empacados. Por mais que eu odeie ser a portadora de más notícias, nada dessa maravilhosa experiência de se apaixonar pode garantir compatibilidade em longo prazo. A literatura está crivada de histórias em que a adoração inicial acaba não se refletindo na convivência cotidiana: Anna Karenina e conde Vronsky; Madame Bovary e Rodolphe Boulanger; até Romeu e Julieta, se acreditarmos nas pistas de Shakespeare de que, se tivessem mesmo ido morar juntos em Mantua, o resultado seria algo próximo de um desastre.

Mais uma preocupação — já que a literatura dramatiza, sim, as coisas pelo bem da trama — é que poucas pesquisas científicas mostram uma conexão entre atração de curto prazo e compatibilidade em longo prazo; o próprio Arthur Aron nota que, apesar de a proximidade produzida em seus estudos ser parecida com a paixão romântica, "é improvável que o procedimento produza... compromisso". "Apaixonar--se" pode ser uma isca para algo mais profundo, mas não há nenhuma relação definitiva entre as duas coisas.

Há, entretanto, uma relação entre "apaixonamento" e ansiedade. Vide outro experimento de Arthur Aron, que envolve 85 homens e uma vacilante ponte de pedestres. O resultado: os homens ficaram significativamente mais vulneráveis ao encanto das pesquisadoras depois de morrer de medo na travessia de um profundo cânion em Capilano, Vancouver. (Caso suspeite de preconceito de gênero, o experimento foi repetido alguns anos depois com mulheres como sujeitos da pesquisa e homens como pesquisadores; o resultado foi o mesmo.) O que os dois grupos experimentaram foi uma dinâmica clássica nas primeiras etapas de um relacionamento; o corpo inteiro em um pico de tensão nervosa, não apenas por querer a pessoa amada, mas também por não saber se essa pessoa vai querer de volta. Essa agitação, então, fornece a motivação para fazer exatamente o que somos geneticamente programados para fazer: nos agarrar um ao outro. Até o vínculo mais agradável envolve algum nível de ansiedade, e, no sentido contrário, ansiedade muitas vezes leva ao vínculo.

Você provavelmente já entendeu aonde quero chegar com isso: é fácil confundir as fortes emoções do "apaixonamento" com fortes emoções de outros tipos mais infelizes. Podemos descobrir que estamos dispostos a criar vínculos em *qualquer* situação duvidosa, com qualquer parceiro duvidoso — pouco confiável emocionalmente (síndrome do "eu ligo para você depois"); seriamente desinteressado (síndrome do "ele(a) não está a fim de você"); definitivamente indisponível (síndrome do "é complicado"). Na verdade, se continuamos escolhendo parceiros insatisfatórios, pode ser que escolhamos não apesar de, mas *por causa de* serem insatisfatórios. Se você se reconhece, não se culpe; a diferença entre uma montanha-russa emocional que faz gritar de alegria e uma que faz guinchar de horror é muito pequena, e a maioria das pessoas escolhe o passeio errado de vez em quando.

O terremoto do amor

Outra coisa que precisamos lembrar sobre o "apaixonamento": ele tem prazo de validade. Essa primeira enxurrada de monoaminas viciadas dará lugar a um suave fluxo de oxitocina, o "hormônio da conchinha", projetado para nos dar conexões mais estáveis e nos levar não só a caminhar lado a lado, mas a estabelecer um lar até que os filhos tenham crescido e alçado voo. Há uma passagem natural da agitação frenética para uma estabilidade amena, da excitação para a serenidade, da adoração absoluta para um amoroso respeito: como escreveu Louis de Bernières em seu romance *O bandolim de Corelli*, "um tempo de loucura... um terremoto... depois a calmaria".

Considerando que "apaixonamento" e compatibilidade não estão relacionados, é sensato evitar fazer escolhas na zona do terremoto e esperar para montar acampamento depois que a terra tenha parado de tremer. Bernières sugere que, nesse ponto, precisamos decidir se somos tão compatíveis e comprometidos a nível de mesmo sem "estar apaixonados" querermos continuar juntos. Esse estágio depois de "apaixonados" pode não ser tão intensamente excitante, mas é o que faz a relação continuar de pé. "O amor em si", diz Bernières, "é o que sobra quando o apaixonamento se esgota." Se queremos um parceiro em longo prazo, precisamos descobrir o que "sobrou".

Aqui está um exercício para ajudar nessa descoberta: escolha três amigos que conheça há algum tempo e com quem tenha afinidade emocional. Agora pense no que os define como seus amigos; pense no que recebe deles e que tem sustentado essa conexão ao longo do tempo. Fixe em sua mente a sensação de estar confortável com eles, relaxado em sua companhia, sendo autenticamente você mesmo, simplesmente contente. E aí está seu ponto de referência, o critério para usar quando se apaixonar: se sentir com seu parceiro esse mesmo conforto, relaxamento e satisfação — e achar que esse sentimento pode durar —, então você está em terreno seguro.

Boa navegação

Isso infelizmente não significa que esse terreno será seguro para sempre. Sim, sempre dizem que, quando encontrarmos o amor, não só viveremos "felizes", mas será "para sempre". Garantem que, a não ser quando ausente, negado ou terminado, "love is a many-splendoured thing" [o amor é uma coisa esplendorosa], "love lifts us up where we belong" [o amor nos leva ao lugar ao qual pertencemos], "all you need is love" [você só precisa de amor]. Então ajustamos nossa bússola da escolha de parceiros usando a alegria como estrela-guia...

Muitas vezes isso é uma boa navegação. Se escolhermos um parceiro que nos complementa, que completa nosso quebra-cabeça e soma suas habilidades e forças às que nos faltam, viveremos uma vida mais eficiente e também mais satisfatória. Em *Orgulho e preconceito*, de Jane Austen, Elizabeth Bennet, que passa a maior parte do romance achando que Darcy é o "último homem da Terra" com quem se casaria, finalmente percebe (talvez tarde demais) o quanto eles são complementares e como seu relacionamento poderia ser feliz. "Tratava-se de uma união que teria sido vantajosa para ambos; sua naturalidade e vivacidade haveriam de suavizar-lhe a mente, aprimorar-lhe os modos; e com o discernimento, o conhecimento do mundo e o nível de informação dele, ela haveria de se beneficiar, adquirindo importância." (Se você nunca leu o romance, fique tranquilo: eles ficam juntos no fim.)

Da mesma forma, se escolhermos um parceiro que nos apoia, que cura nossas feridas emocionais com sua atenção e responsividade, que nos completa, viveremos uma vida mais realizada e também mais feliz. Uma outra Elizabeth, dessa vez Elizabeth Barrett, escreveu assim para seu amigo, o poeta Robert Browning, depois que ele declarou seu amor por ela: "Receber essa prova de sua afeição não apenas subjuga todo e qualquer mal do presente, mas parece retificar de forma farta e completa os sofrimentos meramente pessoais de toda a minha vida. [Minhas lágrimas] se foram na umidade de lágrimas novas, felizes. De agora em diante, sou tua". (Caso não conheça a história, eles se casaram; ele não só ajudou Elizabeth a suportar uma doença incurável e a hostilidade da família, como a usar seu potencial como escritora.)

Crescimento pessoal

Apesar desses exemplos, o amor não faz as pessoas felizes o tempo todo, toda vez. Talvez um parceiro adorável tenha uma fase menos adorável, uma relação fácil comece a exigir mais trabalho duro, um futuro que era glorioso lentamente se torne comum ou até desagradável. No romance de Dickens, David Copperfield tem dificuldade de se entender com a ingenuidade e inabilidade de Dora, e todos sabem que o casamento de David Beckham não escapou de ter seus altos e baixos. Não é nenhuma surpresa que, confrontados pela insatisfação, comecemos a questionar nosso julgamento. Essa infelicidade significa que escolhemos o parceiro errado? E o que isso quer dizer sobre o modo como tomamos essa decisão e se devemos voltar atrás ou não?

Veja só. Um relacionamento é o que o psicólogo David Schnarch, em seu livro *Passionate Marriage* [Casamento apaixonado], chama de "processo de crescimento". É uma coisa que nos convida a florescer, aprendendo a superar não apenas os problemas cotidianos, mas os problemas específicos apresentados por nosso parceiro e nossa relação.

É um processo que nos convida ao desafio de ser mais tolerantes, mais pacientes, mais amáveis do que éramos antes para satisfazer a pessoa que amamos. (Se isso parece injusto, fique tranquilo. É uma via de mão dupla; essa pessoa precisa vencer o desafio de nos satisfazer também.)

Esse desafio de crescimento pessoal nunca será uma felicidade constante. Não pode ser. O poeta David Whyte, na obra *The Three Marriages* [Os três casamentos], usa a metáfora de comprar duas casas com a intenção de juntá-las — mas, em vez de simplesmente derrubar as paredes, temos que demolir completamente as duas casas para reconstruí-las, e "das ruínas de nossos indivíduos anteriores, fazer uma casa nova". Schnarch parte dessa metáfora, mas com um desafio emocional extra: que para fazer isso precisamos nos tornar mais amorosos não apenas com nosso parceiro, mas com nós mesmos também. Precisamos nos sentir fortes, autossuficientes, "seguros", confortáveis em nosso próprio corpo — porque precisamos nos sentir em casa em nós mesmos para "ter um bom lugar para convidar nosso cônjuge para uma visita".

Continuar apaixonados

Tanto Whyte como Schnarch dizem o mesmo — que esse processo é universal, que é uma coisa boa, que é preciso recebê-lo como um jeito de amadurecer e nos desenvolver, que, em longo prazo, ele levará à felicidade porque nos ajudará a prosperar. Da mesma forma, Erich Fromm, que já conhecemos neste livro, diz que, depois de "se apaixonar", inevitavelmente vem um período em que precisamos "continuar" nos apaixonando se quisermos que a relação sobreviva. A felicidade não necessariamente será a marca do progresso; às vezes haverá dor.

É comum as pessoas engolirem em seco enquanto tentam processar a chocante revelação de que até o "amor, sublime amor" mais bem-sucedido nem sempre é tão sublime. Quase sempre vem um suspiro de alívio em seguida: problemas no relacionamento não significam que os parceiros estão errados um para o outro nem que precisam necessariamente se separar. Isso porque, mesmo se fizermos a escolha mais perfeita do mundo, encontraremos desafios pelo caminho. Sempre será necessário administrar o importante ato de equilíbrio de atender a nossas próprias necessidades e satisfazer as da pessoa amada, amar a nós mesmos enquanto amamos o outro, e crescer durante esse processo.

Então, a meta principal ao procurar o parceiro certo não deve ser evitar esse ato de equilíbrio — ele é inevitável —, mas encontrar alguém por quem tentaremos esse ato, já que o amamos tanto; alguém que tentará esse ato por nós, já que nos ama tanto. A questão passa a ser, para os dois lados, como escolher um parceiro que nos mobilize tanto que aceitamos demolir nossa própria casa para reconstruir um lar conjunto ainda mais bonito.

Lapidar o diamante

A boa notícia é que provavelmente sabemos escolher certo mesmo quando não estamos deliberadamente tentando, porque as pessoas se sentem atraídas por aquilo que as faz crescer. A mensagem de Whyte, Schnarch e Fromm é de que a escolha de parceiros é nossa forma de optar ativamente, ainda que muitas vezes inconscientemente, pelo amadurecimento. Schnarch até compara esse processo ao encontro de dois diamantes perfeitos, porém brutos, que lapidam todas as suas partes que não encaixam para conseguirem ficar unidos. O resultado final não é só uma relação amorosa, como duas joias brilhantes.

Você pode, por exemplo, sentir atração por uma pessoa que precisa de algo que você acha incrivelmente difícil de oferecer: atenção mesmo quando a pessoa está hostil, energia mesmo quando você está exausto, controle emocional em situações difíceis. Com o passar do tempo, porque se importa com essa pessoa, você aprende a alcançar e superar esses desafios — e, assim, desenvolve uma parte de si que jamais teria desenvolvido de outra forma.

Ou talvez nos juntemos com alguém que, sem as lentes cor-de-rosa, manifeste vulnerabilidades ou falhas de que desgostamos ou até negamos em nós mesmos. Justamente porque amar alguém significa estar disposto a entender e aceitar essa pessoa, aprendemos a entender e aceitar nossas próprias vulnerabilidades — e assim prosperamos.

Mais inesperadamente, talvez (para mais explicações releia o capítulo 3), podemos encontrar alguém cuja personalidade reflete a de outro alguém com quem tivemos um relacionamento complicado no passado. Esse reflexo pode comprometer o relacionamento atual — mas, considerando que agora somos mais velhos e mais maduros, podemos aprender a reagir de um jeito que não fomos capazes de fazer da primeira vez. Podemos crescer o bastante para criar um final feliz dessa vez.

Tome um tempo para pensar em relações passadas com parceiros afetivos, amigos ou familiares em que as coisas eram desafiadoras, mas o fizeram mudar para melhor, mesmo que em pequenas questões.

Quase com certeza, nessas relações você escolheu estar com pessoas que ajudaram a lapidar seu diamante. Então o que lhe deram essas relações? Que benefícios você ganhou? E o que você pôde aprender que vai ajudá-lo a começar (e manter) seu futuro relacionamento?

A ordem certa

Como sabemos se um parceiro vai nos ajudar a amadurecer nesse sentido, e se podemos ajudá-lo também? Não há nenhuma fórmula, nenhum jeito garantido de descobrir se alguém nos oferece uma oportunidade de crescimento — e, assim como acontece com as tendências de apego, pode ser que as verdadeiras evidências só sejam explícitas quando a relação estiver muito além do ponto de escolha inicial.

Porém, no início, certos sinais são encorajadores: sentir que se torna mais honesto emocionalmente e ver que seu parceiro está ficando igualmente mais verdadeiro; sentir-se estimulado por ele a desenvolver seu potencial, e ser capaz de encorajá-lo da mesma forma; estar ensinando e aprendendo, como Elizabeth Bennet; ou num processo de cura emocional e realização profissional, como Elizabeth Barrett. No romance *Amada*, a autora Toni Morrison descreve esse tipo de desenvolvimento pessoal como se a pessoa fosse uma confusão de peças de quebra-cabeça, que o parceiro pega, rearranja e põe "na ordem certa". Se tivermos escolhido bem, os dois parceiros verão suas "peças" irem para o lugar.

O brilho

A lição deste capítulo não é que devemos escolher um parceiro com quem as coisas sejam difíceis desde o começo — se é isso que está acontecendo, não é o relacionamento certo. A lição é que o melhor amor é um processo de três partes, com deleites iniciais que nos levam a superar os desafios do meio pelo bem das recompensas em longo prazo. Para completar as histórias com que começamos este capítulo, David e Victoria Beckham estão perto de celebrar duas décadas juntos, e David Copperfield aprendeu a aceitar as falhas de sua esposa, o que permitiu que seu casamento adquirisse estabilidade — mesmo que tenha sido abreviado pela morte de Dora.

Portanto, chega de alarme. Minha declaração original sobre ter fé no apaixonamento continua valendo, e tem mais, porque, em primeiro lugar, quer o relacionamento dure quer não, estar loucamente apaixonado vale a pena só pela experiência. E, em segundo lugar, se o relacionamento de fato durar, "loucamente apaixonados" é um ótimo ponto de onde começar. O próprio fato de estarmos tão atraídos por alguém (o encanto da obsessão) é um grande motivador para continuarmos leais caso as coisas fiquem difíceis. O fato de querermos tanto de alguém significa que estamos estimulados para dar em troca. O fato de "se apaixonar" significar criar vínculos, se conectar, se abrir, se revelar e responder emocionalmente um ao outro cria a base para "continuar apaixonados" mais para a frente. Se o que resta depois de o terremoto acalmar é um sólido núcleo de comprometimento, temos o melhor dos dois mundos.

Então abracemos o romance, aproveitemos a paixão. Em resumo: brilhemos.

8. Saber

Sete anos seriam pouco para algumas pessoas se conhecerem,
e sete dias são mais do que suficientes para outras.
Jane Austen, *Razão e sensibilidade*

A pergunta mais provável de fazermos quando começarmos a namorar é "Como eu vou saber?". Isso na verdade implica duas perguntas, "como" e "quando": "Como e quando eu saberei o suficiente para escolher essa pessoa, ou não escolher, ou decidir que o momento de escolha já passou?". Permita-me dizer desde o princípio que aqui não há respostas, nem garantias de que já tenha havido alguma. Tudo o que podemos fazer é explorar as possibilidades.

Reação instantânea

A possibilidade número um é que a resposta para "Como eu saberei?" seja "pura e simples intuição" e a resposta para "Quando eu saberei?" seja "instantaneamente". Os olhos se encontram em um salão lotado e o acordo está selado; como exemplo, vide dois presidentes estadunidenses bem diferentes um do outro. Em suas memórias, Bill Clinton relata que, quando a esposa Hillary falou com ele pela primeira vez, ficou tão abalado que esqueceu seu próprio nome. Lyndon B. Johnson aparentemente convidou "Lady Bird", como sua esposa era conhecida, para um encontro minutos depois de conhecê-la, e pediu-a em casamento no final desse mesmo primeiro encontro. Eles continuavam casados e felizes quando ele morreu, quase quarenta anos depois.

Claro que a decisão instantânea e instintiva sobre a adequação de um parceiro muitas vezes é negativa — o princípio da eliminação em ação. Razão por que, se todos os outros requisitos estiverem preenchidos, muitas vezes é sensato repetir a dose mesmo depois do primeiro encontro mais desastroso. Isso permite que juntemos mais evidências, mais precisas — e também reduz o constrangimento para os dois lados, o que permite que os pretendentes se iluminem. Esse conselho me foi dado por uma colega que achou seu par em um encontro às cegas socialmente incompetente, mas deu a ele o benefício de uma segunda chance. Depois ela descobriu que ele simplesmente ficara deslumbrado com ela, o que rapidamente se transformou em uma adoração socialmente competente de ambas as partes.

E há o perigo de ocorrer o oposto. Decisões precipitadas podem levar a corações derretidos pela beleza e pelo charme de alguém, só para depois ser revelado que essa pessoa deu lugar a um monstro. Dito isso, como já confessei, não tenho nada contra um arrebatamento bem administrado. E o perigo muitas vezes se resolve com a inevitável perda das lentes cor-de-rosa — inevitável porque esse tipo de paixão instantânea tende a implodir ao primeiro sinal de problema; como diz Shakespeare, "Esses deleites violentos têm finais violentos.../ como fogo e cinza/ Que, conforme se beijam, se consomem". Mas, se o encanto instantâneo nos faz querer um compromisso instantâneo relativamente irreversível (hipoteca, casamento, maternidade), é melhor puxar o freio.

Tomar seu tempo

Bill Clinton pode ter se sentido tão maravilhado por Hillary que seu cérebro parou de funcionar, mas "como" saber normalmente envolve mais reflexão. E é normal demorar mais que os poucos minutos de Lyndon Johnson para decidir que encontrou seu parceiro de vida. A pioneira em radioatividade Marie Curie, por exemplo, recusou as propostas de seu marido Pierre sete vezes antes de se convencer. Tomar pelo menos algum tempo, espaço e consideração normalmente funciona melhor porque nos ajuda a descobrir mais sobre o parceiro e permite que ele descubra mais sobre nós. Quando possível, cave mais fundo, pesquise mais longe, permita que ambos, lógica e emoção, cabeça e coração, entrem em sincronia. Como diz o provérbio russo, "confie, mas verifique".

Essa é a razão por que as sociedades têm tradicionalmente construído prorrogações: noivados longos, sexo depois do casamento, noivado de pelo menos um ano, tudo para que se possa verificar as informações e chegar a uma conclusão bem pensada. Nossos acelerados rituais contemporâneos de conquista (dormir com alguém sem votos, morar juntos sem documentação) só são aceitáveis porque agora não estamos amarrados pelo resto da vida caso o amor se transforme em ódio. Ironicamente, o método mais moderno, o namoro on-line, reintroduziu um pouco dessa tradicional prorrogação, com usuários que passam por um processo às vezes demorado e meticuloso de "se conhecer" enquanto continuam "conhecendo" várias outras pessoas on-line até se comprometerem.

No entanto, também é melhor não ser lento e ponderado demais, porque há perigos na hesitação; podemos perder não só o embalo, mas também a fé. Especialmente nos estágios de transições cruciais (fazer sexo, virar monogâmicos, morar juntos), se o momento passar, pode passar também a crença de que aquilo era uma boa ideia. Se você está preocupado com esse cronograma, fique tranquilo: como diz a citação de Jane Austen no início deste capítulo, não há um calendário ideal. Dito isso, como regra geral bem primária: dois meses de namoro estável são suficientes para saber se os dois querem se declarar companheiros e dois anos são o bastante para saber se um compromisso de vida inteira é possível. Caso sejam ultrapassados esses pontos de virada, aí é justificável questionar a extensão da jornada.

Como saber?

Então analise. Qual é seu trajeto para conhecer alguém? Você se precipita para a conexão, física ou emocional, com espontânea avidez, entusiasmo e evidente inabilidade para incertezas ou para tolerar a demora nas gratificações? Ou você progride tão lenta e serenamente em seus casos de amor que observadores (ou os próprios objetos de sua afeição) o acham indeciso? Em outras palavras, seu comportamento típico é forçar compromisso porque se convence rápido de ter encontrado a perfeição ou postergar compromisso porque fica esperando que a perfeição se comprove?

Há um argumento para agir contra as tendências usuais. Compromissos precipitados podem ter levado a erros de julgamento no passado; compromissos postergados demais podem ter significado a perda de um amor. E, como diz o velho ditado, "se você fizer sempre a mesma coisa, vai ter sempre o mesmo resultado". Então, se você normalmente se precipita, talvez possa (sem jogar "maltrata que ele(a) gosta") tentar segurar um pouco aquele primeiro beijo, a primeira transa, o primeiro encontro com seus pais, até saber precisamente com quem está lidando. Em contrapartida, se sua tendência típica é a hesitação, então (sem entregar o coração) talvez possa se esforçar para sugerir um encontro, providenciar uma cópia da chave da sua casa, declarar suas intenções — mesmo que essas coisas ainda não sejam totalmente confortáveis. Mudar a abordagem é, como sempre, um desafio. Mas, se você fizer o que nunca fez, talvez tenha um resultado diferente.

Um dos jeitos mais legais e mais eficientes de tomar uma decisão sobre um relacionamento — que envolve tempo de exploração, mas sem arrastar as coisas — foi sugerido pelo meu colega, dr. Charley Ferrer. Sua abordagem não se baseia tanto em timing ou em juntar informações, mas na atitude. Dr. Ferrer aconselha que, por noventa dias, devemos nos comprometer inteiramente. Não devemos nos conter por medo de ser pouco valorizados, não devemos nos segurar por medo de ser rejeitados. Em vez disso, por três meses inteiros, devemos oferecer engajamento total em dar e receber, responsividade emocional total, confiança total de que a parceria continuará. Em outras palavras, devemos nos comportar como se já "soubéssemos" e tivéssemos escolhido. Se depois desse tempo não tivermos nenhuma hesitação, já sabemos o suficiente para dizer um "sim" completamente sincero e entregue. Se ao fim dos noventa dias ainda estamos hesitando, já acumulamos conhecimento mais que suficiente para justificar um "não".

Dizer não

Em alguns casos, esse "não" é óbvio. Mentiras. Infidelidade. Dependência de drogas. Abuso. Violência. Todos esses maus comportamentos são razões perfeitamente boas para ir embora, mesmo depois de ter inicialmente escolhido aquela pessoa.

Também pode haver boas razões para ir embora quando não há mau comportamento nenhum. Há inúmeras combinações de parceiros que não são bom agouro: fatores de impedimento em nossas preferências; valores, objetivos, ou personalidades divergentes; ressalvas na apreciação que um sente pela companhia do outro; vida sexual meio-mais-ou-menos; um nível incômodo de conflito (mesmo que no geral seja suportável). Como disse Ross, do seriado de comédia *Friends*, quando perguntaram por que ele e sua ex-esposa lésbica Carol não estavam juntos: "Não é uma situação que dê para eu me envolver", e não devemos tentar encaixar o quadrado no redondo. (Da mesma forma, é claro, não devemos simplesmente virar as costas e ir embora na tentativa de fazer esse encaixe acontecer; términos raramente funcionam como um jeito de forçar comprometimento em nós mesmos ou nos outros, e, mesmo se nos reconciliarmos, esse abandono sempre esgarça a relação, às vezes irreversivelmente.)

Às vezes a resposta não é nem ir embora, nem ficar, mas tentar a terceira alternativa. Mudança. Se os benefícios do relacionamento são evidentes, poderíamos — gentil, solícita, e especificamente — pedir os ajustes que queremos. Nosso parceiro então pode responder — espontânea, pronta, e entusiasticamente — que ficará feliz em atender. Ou vice-versa. Se esse for o diálogo, há boas razões para ficar.

A má notícia é que, sem esse diálogo, há todo motivo para ir embora. O já mencionado estudo de catorze anos de duração sobre casais do professor Ted Huston descobriu que, quando mulheres na fase de flerte de uma relação preveem problemas, essas previsões normalmente se realizam. Então, se decidimos ficar com alguém na esperança de que essa pessoa melhore com o tempo, não estamos realmente nos comprometendo com quem ela é agora, mas com um ideal futuro que é altamente improvável. É como a famosa frase de Albert Einstein (que era tão bom filósofo quanto físico): "Os homens se casam com as mulheres na esperança de que elas nunca mudem. As mulheres se casam com os homens na esperança de que eles mudem. Invariavelmente os dois se decepcionam".

Se depois da devida dedicação você ainda sentir uma ponta de dúvida, pode continuar por mais um dia para ter certeza absoluta. Mas, se o que você sente com a ideia de ficar são espasmos, náuseas e exaustão, é seu inconsciente gritando "não". Nesse caso, deixe que eu ofereça uma carta de "saída livre da prisão" para absolvê-lo: tudo bem rejeitar alguém. Na verdade, é até melhor rejeitar a pessoa se você chegou à conclusão de que ela não é para você, porque, ao ir embora, você não liberta somente a si mesmo para encontrar alguém que possa amar. Também liberta seu não pretendente para encontrar alguém que possa amá-lo. Não se culpe. Se sabemos que não estamos de coração em um relacionamento, é melhor para todo mundo irmos embora.

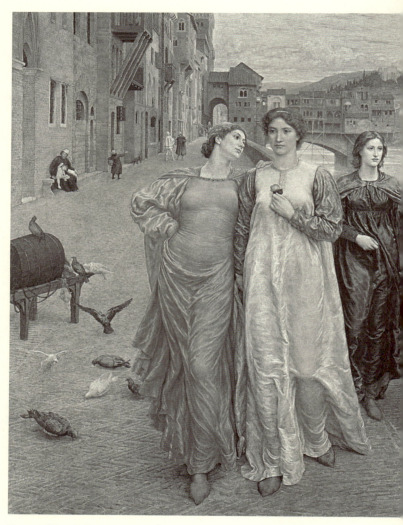

Dante and Beatrice [Dante e Beatriz]. Às vezes não há nada mais confortável que focar nossa escolha em um pretendente que, justamente por ser impossível, jamais nos decepcionará e a quem jamais decepcionaremos.

Não ser escolhido(a)

Às vezes, porém, a situação é mais complexa. Nosso coração está dentro, totalmente dentro. Mas nossos sentimentos não são correspondidos — ou talvez até pior, não são correspondidos agora, mas há pistas de que talvez sejam em um futuro próximo. Aí as coisas ficam muito mais difíceis — embora isso também seja um tema atemporal em nossa história e cultura. O amor do poeta Dante por Beatriz. O desejo não correspondido do Corcunda de Notre Dame por Esmeralda. Mark, em *Simplesmente amor*, parado na frente de sua parceira ideal (mas já casada e feliz), com um cartaz escrito "meu coração arrasado vai te amar para sempre". Essas narrativas nos tocam — não só porque preferimos finais felizes para nossas histórias de amor, mas também porque desencadeiam um terror humano que começa quando nascemos: de que não vamos conseguir tudo o que queremos na vida.

Por menos realizada que seja a relação — Dante amou Beatriz a vida inteira, mas só a encontrou duas vezes —, não ser escolhido é um saco. Se, ou quando, acontecer conosco não devemos subestimar o impacto. Estudos igualaram essa perda a um ataque físico, um trauma, a morte de um ente querido. E depois precisamos nos agarrar ao fato de que, com algumas lágrimas e lamentos, mas também com tempo, apoio humano e senso de perspectiva, provavelmente vamos superar o sofrimento.

Se não superarmos a rejeição podemos acabar com problemas graves. Porque às vezes o rótulo "indisponível" nos instiga a uma dedicação maior ainda: com certeza se conseguirmos ser diferentes, flertar melhor, oferecer mais recursos, realizar mais favores ou simplesmente nos esforçar mais, vamos conseguir o que queremos.

Uma narrativa da literatura que serve de alerta é o Grande Gatsby, herói milionário de F. Scott Fitzgerald que investe tudo o que tem na tentativa de reacender o amor da "linda bobinha" Daisy Buchanan. Ele compra uma luxuosa mansão exatamente na frente da casa do marido de Daisy, do outro lado da baía; passa noites intermináveis encarando a luz verde na ponta de seu deque, e dá festas extremamente extravagantes para tentá-la a ir até ele.

Está claro desde o início que não será um final feliz; o egocentrismo de Daisy torna quase inevitável que ela, mesmo que de fato retome seu caso com Gatsby, o abandone no fim. Porém, Gatsby cria sua própria tragédia ao sacrificar tudo que tem para conquistar o amor de alguém que não pode amá-lo de verdade, ao desperdiçar sua fortuna em implacável decadência, ao abandonar seus valores e, no fim, perder sua vida para proteger Daisy. A história é toda atravessada pela inutilidade do apego à esperança.

Se algum dia nossa história de amor se assemelhar à de Gatsby, a solução não é contorcer alma e coração como ele fez, mas, ao contrário, sermos ainda mais autênticos que o normal. Se depois de um tempo ainda não nos amarem, não importa o quanto soframos — foi uma escapada de sorte. Do mesmo jeito que é melhorar liberar parceiros que não queremos, também é melhor ser liberado de parceiros que não nos querem. Merecemos mais que isso.

Ser escolhido

E se, em vez disso, formos adorados sem adorar de volta? Se nossa reação imediata ao sermos escolhidos for de óbvia repulsão, já é franqueza suficiente; provavelmente haverá algumas conversas constrangedoras, um pouco de culpa, e uma necessidade ocasional de repelir o inquilino.

O mais difícil é quando a reação não é de repulsão, mas de tentação, porque o posto de objeto de desejo pode ser extremamente sedutor. Se sofremos a tendência humana normal de autonegação, pode ser uma sensação muito boa quando alguém nos põe no centro de seu universo, dando-nos um controle sobre si que é ainda mais sedutor porque não corremos nenhum perigo de permitir que ele nos controle. (E mais, se estamos pessimistas porque escolhas anteriores saíram pela culatra, uma pessoa como essa pode ser ainda mais atraente por acreditarmos que ela é nossa única opção.)

Considerando tudo isso, ser "perseguido" pode nos deixar cegos para sinais de perigo. Pode ser que ignoremos enormes sinais de incompatibilidade, arquivemos enormes dúvidas na pasta marcada com "ignorar". E, especialmente se nosso pretendente insistir, podemos ficar com ele apesar das dúvidas. Existe algo profundamente romântico em Ser Conquistado Apesar de Todos os Desafios. "Ela me queria mesmo sendo casada..."; "Eu não estava interessada, mas ele estava tão decidido..."; "Fui convencido pela convicção dela de que eu era o homem de sua vida...". Foi Wallis Simpson que, sentindo-se obrigada a se casar com o abdicado Edward VIII muito depois de já ter se cansado dele, comentou: "Vocês não fazem ideia de como é difícil sobreviver a um grande romance".

Equilíbrio, desequilíbrio

De novo, pare e analise. Você reconhece em si mesmo o hábito de permanecer em um relacionamento muito mais tempo do que deveria? De terminar quando deveria dar outra chance? Você se sente sistematicamente atraído por pessoas que não o escolhem? Por pessoas que são casadas — seja com um cônjuge ou com o trabalho? Por pessoas que gostam de você — mas só em determinados momentos, só em determinadas situações e só quando você oferece atenção, apoio ou sexo sem compromisso?

Ou você entra em relacionamentos com pessoas que o escolhem, mas que você sabe, no fundo do coração, que o farão profundamente infeliz? Você se sente persuadido por intensidade (ou por adulações, ou por amor genuíno, ainda que unilateral), a ponto de ignorar suas próprias dúvidas e acabar em relacionamentos desconfortáveis? Em qualquer uma dessas situações, pode estar na hora de mudar.

Dito isso, não entre em pânico se houver um pouco de desequilíbrio em uma relação, especialmente no começo. Toda relação sofre desarmonias. Mesmo que só por alguns instantes, um dos dois se questiona enquanto o outro tem certeza; um dos dois duvida enquanto o outro acredita. Desde que a dinâmica acabe se acomodando em um arranjo equilibrado, tudo bem. E mais: se o que vivemos no começo de um relacionamento promissor é certa deliberação de um dos lados, isso pode ser boa notícia. A escolha final, se acontecer, provavelmente será mais ponderada — e, portanto, mais confiável.

Escolher

O primeiro capítulo deste livro traçou a escolha de parceiros como uma viagem — e a promessa oferecida nessa descrição é de que há um destino final. É uma promessa que, quase com certeza, se cumprirá. Podemos ter encontrado desvios ou becos sem saída pelo caminho, mas a vasta maioria de nós chegará a seu destino. Abriremos mão de possibilidades alternativas e começaremos a focar com mais e mais certeza uma só. Chegaremos a um ponto no qual acreditamos que podemos amar e ser amados de volta.

E aí estamos, decisão tomada. Fazemos eco às tocantes palavras do poeta Edwin Muir: "o seu, meu amor, é o rosto humano certo". Sabemos. Nos comprometemos. Estamos prontos para o mais feliz dos finais.

Exceto, exceto... que esse, é claro, não é o final. Compromisso é só o começo, a primeira escolha. Há outras decisões por vir, e é sensato lembrar que elas estão lá, nos esperando.

Morar juntos. Noivar. Casar. Ter filhos. Criar esses filhos e depois continuar juntos até o fim da vida. O negócio com essas últimas transições é que, na hora em que as realizamos, estamos em um lugar diferente do que estávamos antes. Como apontou Somerset Maugham, não somos os mesmos que éramos um ano atrás, e "as pessoas que amamos também não".

Ao longo de nosso relacionamento, provavelmente vamos esbarrar várias vezes em algo que podemos chamar de Muro da Vida — provações de doenças, acidentes, mudanças de trabalho, envelhecimento, perda de entes queridos. Por meio dessas coisas e com o passar do tempo, aprenderemos mais sobre nosso parceiro e ele aprenderá mais sobre nós. E pode ser que isso mude o jogo. Muito sensata, a segunda parte da citação de Somerset Maugham nos lembra de que será muita sorte se "nós, mudados pelo tempo, continuarmos a amar o outro, que também mudou".

Tendo ou não tendo essa sorte, muitas recomendações deste livro são relevantes sempre. Em um contexto que não seja de conexões recentes ou apenas idealizadas, mas de compromissos existentes e prolongados, ainda é útil especificar o que queremos de nossa relação; reconsiderar o encaixe com os valores, objetivos e personalidade de nosso parceiro; encarar se ainda somos capazes de reagir emocionalmente um ao outro. E isso às vezes levanta questões. Se nosso parceiro nos prometeu um mar de rosas, mas ao longo dos anos não ofereceu nada além de uma avalanche de urtiga cortante e pontuda, é compreensível jogarmos essa folhagem toda no lixo e sairmos porta afora.

Urtigas à parte, o fator mais importante para decidir sobre o futuro do relacionamento (assim como a decisão inicial de ficar com essa pessoa) não é se estamos ou não extasiados, mas se estamos ou não crescendo, se temos ou não confiança de que cresceremos no futuro e se acreditamos ou não que nosso parceiro está crescendo também. Se estamos em um relacionamento que nos faz amadurecer, podemos não estar 100% felizes 24 horas por dia, sete dias por semana — pergunte a qualquer lagarta no processo de se tornar borboleta. Mas, se ainda estamos evoluindo, vale a pena manter nossa lealdade.

Permita que eu termine com uma homenagem à lealdade contínua. Em seu romance *O amor nos tempos do cólera*, Gabriel García Márquez descreve a experiência da multidão de casais comuns que continuam juntos mesmo quando isso se mostra difícil. Ele homenageia a imensa coragem e disposição daqueles que se escolheram de novo, para além da primeira decisão romântica, que superaram os desafios das "incompreensões cotidianas", "ódios instantâneos" e "grosserias recíprocas" que caracterizam a maior parte das relações, e ele celebra que é totalmente possível superar isso tudo e triunfar, que é totalmente possível chegar no ponto em que os parceiros "se amam melhor".

Essa é a esperança: se nós dois continuarmos evoluindo, continuarmos aprendendo, continuarmos crescendo, em algum ponto do futuro seremos capazes de criar uma parceria maravilhosa, nos relacionar como nunca antes, nos amar "melhor". E aí saberemos com certeza absoluta se fizemos ou não a escolha certa.

Agradecimentos

Meus agradecimentos a todos que fizeram este livro possível, especialmente minha agente Barbara Levy e toda a equipe da School of Life e da Pan Macmillan, especialmente Morgwn Rimel, Cindy Chan, Robin Harvie, Zennor Compton, Laura Carr, Marcia Mihotich e Jonathan Baker, que foram todos de infinita ajuda. Acima de tudo, agradeço a Caroline Brimmer, que foi quem originalmente me convidou para ajudar a desenvolver o curso "Como escolher um parceiro" na School of Life, e cujo talento, conhecimento e apoio têm sido uma inspiração; sem Caroline, este livro jamais teria acontecido.

Referências bibliográficas

Livros

ALCOTT, Louisa May. *Little Women*. Londres: Vintage Children's Classics, 2012. [Ed. bras.: *Mulherzinhas*. Trad. de Julia Romeu. São Paulo: Penguin--Companhia, 2020.]

AUSTEN, Jane. *Pride and Prejudice*. Londres: Wordsworth Classics, 1992. [Ed. bras.: *Orgulho e preconceito*. Trad. de Alexandre Barbosa de Souza. São Paulo: Penguin-Companhia, 2011.]

_____. *Sense and Sensibility*. Londres: Wordsworth Classics, 1992. [Ed. bras.: *Razão e sensibilidade*. Trad. de Alexandre Barbosa de Souza. São Paulo: Penguin-Companhia, 2012.]

DE BERNIÈRES, Louis. *Captain Corelli's Mandolin*. Londres: Vintage, 1998.

BRONTË, Emily. *Wuthering Heights*. Londres: Wordsworth Classics, 1992. [Ed. bras.: *O morro dos ventos uivantes: Edição comentada*. Trad. de Adriana Lisboa. Rio de Janeiro: Zahar, 2016.]

BROWN, Brené. *Daring Greatly*. Nova York: Avery, 2015. [Ed. bras.: *A coragem de ser imperfeito*. Trad. de Joel Macedo. Rio de Janeiro: Sextante, 2016.]

CHAPMAN, Gary. *The Five Love Languages*. Chicago: Moody, 2015.

COONTZ, Stephanie. *Marriage, a History: How Love Conquered Marriage*. Nova York: Penguin USA, 2006.

FIELDING, Helen. *Bridget Jones's Diary*. [S.l.]: Picador, 2001.

FITZGERALD, F. Scott. *The Great Gatsby*. Londres: Wordsworth Classics, 1992.

FLAUBERT, Gustave. *Madame Bovary*. Londres: Wordsworth Classics, 1993.

FROMM, Erich. *The Art of Loving*. [S.l.]: Thorsons, 2010. [Ed. bras.: *A arte de amar*. São Paulo: Martins Fontes, 2015.]

GILBERT, Elizabeth. *Eat, Pray, Love*. [S.l.]: Bloomsbury, 2007.

JOHNSON, Dr. Sue. *Hold Me Tight*. [S.l.]: Piatkus, 2011.

_____. *Love Sense*. [S.l.]: Little, Brown, 2013.

KAHNEMAN, Daniel. *Thinking Fast and Slow*. Londres: Penguin, 2012. [Ed. bras.: *Rápido e devagar: Duas formas de pensar*. Trad. de Cássio de Arantes Leite. Rio de Janeiro: Objetiva, 2012.]

LANGHAMER, Claire. *The English in Love: The Intimate Story of an Emotional Revolution*. Oxford: OUP, 2013.

MÁRQUEZ, Gabriel García. *Love in the Time of Cholera*. Londres: Vintage, 2007. [Ed. bras.: *O amor nos tempos do cólera*. Rio de Janeiro: Record, 1986.]

MAY, Simon. *Love: A History*. New Haven e Londres: Yale University Press, 2012.

MCKINLAY, Chris. *Optimal Cupid: Mastering the Hidden Logic of OkCupid*. [S.l.]: CreateSpace, 2014.

MORRISON, Toni. *Beloved*. Londres: Vintage Classics, 2007.

SCHNARCH, David. *Passionate Marriage: Keeping Love and Intimacy Alive in Committed Relationships*. Nova York e Londres: W. W. Norton, 2009.

SHAKESPEARE, William. *Romeo and Juliet*. Londres: Wordsworth Classics, 2000. [Ed. bras.: *Romeu e Julieta*. Trad. José Francisco Botelho. São Paulo: Companhia das Letras, 2016.]

TOLSTÓI, Liev. *Anna Karenina*. Londres: Wordsworth Classics, 1995. [Ed. bras.: *Anna Kariênina*. Trad. Rubens Figueiredo. São Paulo: Companhia das Letras, 2017.]

WEBB, Amy. *Data, a Love Story*. Nova York: Plume, 2014.

WHYTE, David. *The Three Marriages: Reimagining Work, Self and Relationship*. Nova York: Riverhead, 2010.

WINTERSON, Jeanette. *Written on the Body*. Londres: Vintage, 1993.

Referências bibliográficas   143

Sites e outros recursos

<www.notimeforlove.com>.

Eli J. Finkel et al., "Online Dating: A Critical Analysis From the Perspective of Psychological Science", disponível em <www.psychologicalscience.org>. <www.quantifiedbreakup.tumblr.com>.

The School of Life, 100 Questions: Love Edition (100 question cards with box — a toolkit for relationships)

A School of Life oferece coaching e terapia para melhorar relacionamentos: <www.theschooloflife.com/london/shop/therapy/life-coaching>.

No Reino Unido, você também pode encontrar profissionais por meio do Curso Superior de Terapia Sexual e de Relacionamento — <www.cosrt.org.uk> — da Associação Britânica para Aconselhamento e Psicoterapia — <www.itsgoodtotalk.org.uk> — e da Relate — <www.relate.org.uk>.

Créditos das imagens

A autora e a editora gostariam de agradecer às seguintes pessoas e instituições pela permissão de reproduzir as imagens usadas neste livro:

Página 10: *The Arnolfini Portrait*, 1434, óleo sobre tela de Jan Van Eyck (c. 1390–1441), National Gallery

Páginas 14-5: *Sir Galahad — the Quest of the Holy Grail*, 1870, óleo sobre tela de Arthur Hughes (1832–1915) © Galeria de Arte Walker, Museu Nacional de Liverpool/ Bridgeman Images/ Fotoarena

Páginas 24-5: Farol de trânsito com formato de coração © Ako photography/ Shutterstock

Páginas 46-7: Frame do filme *Come Through* © Coleção Everett/ Fotoarena

Página 51: Watching the Roulette Wheel, Hollywood, California, 1930 (foto em preto e branco) © Arquivo Underwood/ UIG/ Bridgeman Images/ Fotoarena

Página 55: Scene at Reelfoot Lake © IrinaK/ Shutterstock

Página 57: Jams and Marmalade aisle, Woolworths store, 1956 (foto em preto e branco), fotógrafo inglês, (séc. XX) © Private Collection/ Bridgeman Images/ Fotoarena

Páginas 76-7: Frame do filme *Amor, sublime amor* © Granger/ Fotoarena

Página 82: A Man Hiking © SFIO CRACHO/ Shutterstock

Página 88: Kissing Couple, 1968 © Acervo de imagens Mary Evans/ EasyPix Brasil

Páginas 96-7: *The Creation of Adam*, afresco de Michelangelo Buonarroti (1475-1564), Capela Sistina, Vaticano

Página 112: Corkscrew © Keystone France/ Getty Images

Páginas 130-1: *Dante and Beatrice*, 1883, óleo sobre tela de Henry Holiday (1839-1927) © Galeria de Arte Walker, Museu Nacional de Liverpool/ Bridgeman Images/ Fotoarena

Anotações

Anotações

Se você gostou deste livro e quer ler mais sobre as grandes questões da vida, pode pesquisar sobre os outros livros da série em www.companhiadasletras.com.br

Se você gostaria de explorar ideias para seu dia a dia, THE SCHOOL OF LIFE oferece um programa regular de aulas, fins de semana, sermões seculares e eventos em Londres e em outras cidades do mundo. Visite www.theschooloflife.com

Como viver na era digital
Tom Chatfield

Como pensar mais sobre sexo
Alain de Botton

Como mudar o mundo
John-Paul Flintoff

Como se preocupar menos com dinheiro
John Armstrong

Como manter a mente sã
Philippa Perry

Como encontrar o trabalho da sua vida
Roman Krznaric

Como ser um líder
Martin Bjergegaard
e Cosmina Popa

ESTA OBRA FOI COMPOSTA PELA ABREU'S SYSTEM EM SCALA REGULAR
E IMPRESSA EM OFSETE PELA GRÁFICA PAYM SOBRE PAPEL PÓLEN SOFT
DA SUZANO S.A. PARA A EDITORA SCHWARCZ EM MAIO DE 2021

A marca FSC® é a garantia de que a madeira utilizada na fabricação do papel deste livro provém de florestas que foram gerenciadas de maneira ambientalmente correta, socialmente justa e economicamente viável, além de outras fontes de origem controlada.